남편 축복 침상기도문

KB194935

남편 축복 침상기도문

저자 이대희

초판 1쇄 발행 2008. 10. 27.
개정판 1쇄 발행 2017. 11. 1.
개정증보판 1쇄 발행 2023. 12. 6.

발행처 도서출판 브니엘
발행인 권혁선

책임교정 조은경
책임영업 기태훈
책임편집 브니엘 디자인실

등록번호 서울 제2006-50호
등록일자 2006. 9. 11.

서울특별시 송파구 백제고분로28길 25 B101호 (05590)
마케팅부 02)421-3436
편집부 02)421-3487
팩시밀리 02)421-3438

ISBN 979-11-93092-13-2 03230

독자의견 02)421-3487
이메일 editorkhs@empal.com

북카페 주소 cafe.naver.com/penielpub.cafe
인스타그램 @peniel_books

도서출판 브니엘은 독자들의 원고를 설레는 마음으로 기다리고 있습니다.
위의 이메일로 간단한 기획 내용 및 원고, 연락처 등을 보내주십시오.

도서출판 브니엘은 갓구운 빵처럼 항상 신선한 책만을 고집합니다.

[남편의 * 인생을 * 형통하게 * 만드는]

남편 축복
침상기도문

이대희 | 지음

브니엘

　부부는 하나님이 맺어준 특별한 사이다. 부부는 사람들의 다양한 관계와 다르게 하나 된 중요한 관계이다. 결혼을 통해서 남자와 여자는 하나 된다. 이것은 성령 안에서 결합 된 관계로 가정의 시작이다. 사실 부모와 자녀 관계보다 부부가 더 중요하다. 부부 없는 자녀는 없기 때문이다. 부모가 자녀를 위해서 기도하는 것도 중요하지만 더 중요한 일은 부부가 서로를 위해 기도하는 일이다. 부부는 인간이 짝을 찾은 게 아니라 하나님이 짝 지워준 사람을 만난 것이다. 엄밀히 보면 하나님 없는 부부는 없다. 하나님 없이 시작한 결혼생활은 늘 불안하다. 그런데도 하나님 없이 부부생활을 하는 사람이 많다. 이렇게 보면 하나님 안에서 부부가 되었다는 것은 참으로 감사할 일이다.

　크리스천 부부는 하나님이 하나 되게 하셨다. 그러나 죄악 된 인간은 여전히 자기중심적으로 살아가려 한다. 부부 사이에 문제가 생기는 것도 바로 이런 이유 때문이다. 우리의 부족함을 알고 부부를 하나 되게 하신 하나님께 도움을 구해야 한다. 이것이 부부가 기도해야 하는 이유이다.

특히 서로를 위해 기도하는 것은 서로 하나 된 몸이기 때문이다. 아내는 남편을 위해, 남편은 아내를 위해 기도해야 한다. 남편에게 일어나는 일은 곧 아내에게 일어나는 일이다. 서로 분리된 것이 아닌 하나 된 몸이기에 배우자를 위해 기도해야 한다. 자기 자신을 위해 기도하는 만큼 배우자를 위해 기도하는 것 또한 중요하다. 그렇지 않으면 문제가 발생할 수 있다. 부부의 문제를 해결할 수 있는 분은 오직 하나님뿐이다. 부부를 서로 올바르게 세워주실 수 있는 분도 오직 하나님밖에 없다.

서로를 위해 기도하다 보면 남편과 아내가 서로 하나 됨을 느낀다. 금방 문제가 해결되지는 않아도 점차 좋아질 것이다. 상대방을 위해 기도하다 보면 부부문제는 자연스럽게 해결된다. 그리고 상대방이 발전하다 보면 나도 동시에 좋아진다. 이렇게 보면 부부의 기도는 특별한 의미가 있다.

현대사회에선 부부관계가 더욱 힘들어지고 있다. 부부가 이혼함으로써 자녀들과 헤어지고 파탄을 맞는 가정 수가 늘어나고 있다. 이런 상황에서 부부를 세워주는 기도는 모든 역경을 이겨내는 비결이다. 기도하는 부부는 불행하지 않다. 어쩌면 하나님이 부부로 세워주신 것은 서로를 위해 기도하게 하기 위해서일지도 모른다.

남편을 위해 기도해야 하는 것은 집안의 가장으로서 먼저 서야 하기 때문이다. 남편이 바로 서지 못하면 가정이 흔들린다. 가정이 흔들리면 사탄이 그 틈을 타곤 파고들 것이다. 그렇기에 아내는 남편을 주님 안에서 바로 세울 사명이 있다. 물론 이것은 역으로도 마찬가지다. 예수님을 믿는다고 해서 단번에 사람이 온전해지지는 않는다. 점차 훈련을 통해 그리스도의 형상을 닮아가게 된다. 마치 건물을 지을 때처럼 시간이 지나면서 성화의 모습으로 완성되어 간다.

남편을 위해 기도할 때도 이런 마음으로 기도해야 한다. 급하게 하기보단 과정을 거치면서 하나님이 남편을 인도해 가시도록 의탁하는 기도가 필요하다. 내가 하는 게 아니라 하나님이 세우시는 것임을 알고 아내는 곁에서 격려하고 도와주어야 한다. 기도를 통해서 남편이 세워지는 모습을 본다는 것은 즐거운 일이다. 하나님이 만드시는 방법은 때로는 놀랍기도 할 것이다. 기대하고 인내하면서 하나님의 도우심을 구하는 기도를 한다면 부부생활은 놀랍게 달라질 것이다.

교회 안에서 남편을 위해 기도하는 많은 아내를 본다. 이 책은 그런 사람들의 기도에 도움을 주고자 쓰인 책이다. 또 아직 남편을 위해 기도하지 못하는 사람들에게 지침을 주기 위해 쓰인 것이다. 이 책을 통하여 피상적이며 형식적인 기도에서 벗어나 실제적이고 하나님이 원하시는 기도의 즐거움과 능력을 경험하게 될 것이며, 특히 균형 잡힌 기도를 하지 못하는 분들께 큰 도움이 될 것이다.

그러기 위해서 예수님처럼 지식과 지혜와 신체가 온전해지며, 하나님과 사람들에게 사랑받는 전인적인 성장의 모습을 그리면서 기도할 수 있도록 구성하였다. 물론 여기 수록된 기도문은 하나의 제안일 뿐이다. 이것을 지침으로 각자 필요한 내용을 첨가하면서 기도한다면 더욱 생생한 기도가 될 것이다.

여기서 아내들이 주의할 점이 있다. 하나님의 응답을 너무 조급해하게 기다리지 말라는 것이다. 기도를 통해 남편의 모습이 변화되기를 기대하지만, 그렇다고 지금 당장 달라지는 것은 아니다. 기도하면서 하나님이 가장 적합한 때 응답해주실 것이라고 확신하면서 인내하며 기다리는 일이 중요하다. 너무 조급해하다 보면 쉽게 좌절하고 기도를 포기할 수도 있기 때문이다. 기도 응답은 우리 일이 아니라 하나님의 일이다. 그렇기에 우리에게 가장 적합한 때와 가장 좋은 방법은 오직 하나님만이 아시고, 그때 하나님의 방법으로 가장 좋은 것으로 응답해주실 것이다.

이 책을 쓰면서 내 마음속에 자리 잡은 한 사람이 있다. 바로 나의 아내이다. 이 책에 실린 기도문의 내용은 그동안 나를 위해 기도했던 아내의 기도문이기도 하다. 묵묵히 나를 위해 한시도 빼놓지 않고 은밀히 기도하는 아내의 모습은 바라만 보아도 아름답다. 힘들 때마다 아내의 기도가 얼마나 힘이 되었는지 모른다. 기도하는 아내가 내 곁에 있다는 사실 하나만으로도 나는 행복하다.

어려운 목회와 사역의 길을 30여 년 동안 함께하면서 불평 한마디 없이 하나님의 은혜를 기대하며 기도하는 아내의 모습에서 늘 감동한다. 항상 십자가의 길을 생각나게 하면서도 쉬지 않고 소망을 품고 나를 위해 기도하는 아내에게 이 작은 책을 바친다. 아울러 어려움 속에서도 열거할 수 없는 수많은 기적의 은혜로 한평생 놀랍게 지켜주시고 선한 길로 인도해주신 하나님을 찬양한다. 오직 하나님께 영광을 올리면서….

글쓴이 이대희

〉〉〉 Part 1.   하나님을 사랑하며
                         예수님을 닮아가는 기도

위대한 일의 뒤에는 언제나 눈물의 기도가 있었습니다.

특히 남편을 위한 아내의 기도야말로

남편을 세우는 온전한 비결입니다.

기도는 어떤 일보다 위대하고 능력이 있습니다.

기도는 내가 할 수 없는 부분을 하나님으로 하여금 하시도록

도움을 청하는 축복의 통로이기 때문입니다.

어린아이는 부모의 보살핌으로 자라간다. 어린아이는 혼자서 클 수 없다. 여러 가지 면에서 미숙하기에 부모의 보살핌이 절대적으로 필요하다. 아이에게는 부모가 모델이다. 부모가 하는 것을 그대로 따라한다. 생각하고 말하고 행동하는 것을 그대로 본받는다.

사람은 누구를 표상으로 삼고 성장해야 할까? 그것은 우리를 창조하신 아버지 하나님이시다. 성경은 이것을 하나님의 형상을 닮는다고 말한다. 그리스도의 장성한 분량에 이르는 것을 목표로 자라가는 것이 그리스도인의 삶이다. 모든 것을 주님의 형상을 그리면서 그것에 목표를 두고 사는 것이 그리스도인의 삶이다. 세상의 모습을 본받으면 안 된다. 그런에도 우리가 사는 세상은 우리를 유혹하는 요소들이 너무나 많다. 정신을 차리지 않으면 나도 모르는 사이에 세상을 닮게 된다.

한 가정에서 남편의 역할은 매우 중요하다. 남편은 자녀에게는 아버지가 되고 아내에게는 든든한 버팀목이 된다. 가정의 주춧돌과 같은 존재가 바로 남편이다. 남편이 흔들리면 가정이 흔들린다. 그러나 남편이 든든하게 서면 가정은 온전하게 세워진다. 마치 집의 기둥과도 같다. 집을 보면 기둥을 축으로 다른 것들이 서로 연결되어 이루고 있다. 모든 게 기둥에 의존하고 있다. 그리고 기둥은 모퉁이 돌에 뿌리를 두고 있다.

가정의 모퉁이 돌은 예수님이시다. 그렇기에 한 가정은 예수님에게 뿌리를 두고 집안의 기둥으로 세워진 남편을 중심으로 버텨가는 것이다. 그만큼 남편의 위치가 중요하다. 이런 면에서 남편의 책임은 무겁다. 남편의 역할에 따라 가정생활이 결정된다. 그렇기에 한 사람, 곧 남편이 든든하게 서는 것이 가정의 미래를 결정한다고 해도 과언이 아니다.

그렇다면 이처럼 중요한 남편을 세우는 방법은 무엇일까? 아내로서 도와주어야 할 것은 무엇일까? 그것은 바로 기도이다. 어차피 모든 것은 스스로 해야 한다. 남편의 역할을 아내가 대신해줄 수 없고 자녀가 대신할 수도 없다. 이것은 반대로 생각해도 마찬가지다. 남편이 아내의 일을, 부모가 자녀의 일을 대신해줄 수는 없다. 우리는 각자 자기의 일을 감당해야 한다. 그러나 옆에서 묵묵히 도와줄 수 있는 길이 있다. 바로 기도이다. 부모가 자녀를 대신해서 공부해줄 수는 없지만 기도해줄 수는 있다. 아내가 남편의 일을 대신할 수는 없지만 남편을 위해서 기도할 수는 있다.

위대한 일의 뒤에는 언제나 눈물의 기도가 있었다. 특히 남편을 위한 아내의 기도야말로 남편을 세우는 온전한 비결이다. 기도는 어떤 일보다 위대하고 힘이 있다. 기도는 내가 할 수 없는 부분을 하나님이 하시도록 도움을 청하는 축복의 통로이기 때문이다. 내게 어떤 사람을 도와줄 수 있는 능력은 없을지라도 그 사람을 도와줄 수 있는 다른 사람을 연결해줄 수는 있을 것이다. 내가 그를 직접 도와주는 것보다 좋은 사람을 연결해주는 것이 오히려 그에게 더 큰 힘이 될 수도 있다.

마찬가지로 아내가 남편에게 해줄 수 있는 것은 그리 많지 않다. 그러나 위대하신 하나님께 남편을 도와달라고 대신 간구는 할 수 있다. 우리는 이것을 중보기도라고 부른다. 하나님은 그런 기도를 귀담아 들어주신다. 왜냐하면 자신의 욕심이 아니라 다른 사람의 축복을 비는 아름다운 기도이기 때문이다. 그리고 그 기도는 객관적인 위치에서 드릴 수 있기에 좀 더 하나님의 뜻에 가까운 기도가 될 수 있기 때문이다.

주변의 다른 사람들에게 도움을 구하는 것보다 인생을 섭리하시는 하나님께 도움을 구하는 기도는 남편을 위해서 아내가 할 수 있는 최상의 선물이다. 아내가 할 수 없는 부분을 하나님은 하실 수 있기 때문이다. 하나님이 간섭하신다면 불가능한 상황도 가능하게 하실 수 있다. 훌륭한 남편은 아내의 기도를 먹고산다. 그런 가정은 하나님의 넘치는 축복을 받을 것이다.

남편을 위해
할 수 있는 아내의 일

남편들의 하루를 들여다보면 안쓰러울 때가 많다. 생존 경쟁에서 살아남기 위해 허겁지겁 뛰어다니는 남편들을 바라보면 눈시울이 뜨거워진다. 우리 주위를 보면 고개 숙인 남편들이 많다. 나이가 들면서 초라해지는 남편을 보면 아내들은 서글퍼진다. 특히 직장을 잃거나 명예퇴직을 하는 남편들을 바라보면 더욱 그렇다. 세상일이 늘 그렇지만 우리의 생각대로 안 되는 것이 인생이다. 남편들은 언제 어떻게 될지 모르는 불확실성 속에서 하루하루를 살아간다.

미래를 보장할 만한 것이 없다. 매일 일터로 나가는 남편들을 바라보면서 아내들은 무슨 생각을 할까? 오늘도 승리하기를 간절히 기도하는 마음일 것이다. 모든 아내의 바람이라 할 수 있다. 요즘은 집에서 전업주부로 생활하는 아내들은 찾아보기 힘들다. 아내들도 대부분 맞벌이를 한다. 생활전선에 나갈 수밖에 없는 상황이 되다 보니 아내들의 마음 또한 남편들과 다르지 않다.

세상에 나가는 남편을 바라보면 전쟁터에 나가는 군인을 연상하게 한다. 하루의 지친 몸을 이끌고 저녁 늦게 들어와 피곤해서 쓰러져 잠을 청하는 모습은 가슴을 여미게 한다. 그리고 그다음 날도 반복하여 같은 일을 계속한다. 감당해야 할 일이 너무나 많다. 직장과 가정과 교회와 주변 일 등. 남편과 연관된 일을 생각하면 혼자서 감당하기 어려운 일이 많다.

그래서 때로는 실수도 하고 때로는 실패를 맛보기도 한다. 뜻대로 안 될 때 스스로 좌절을 경험하며 한숨을 내쉬면서 무너지기도 한다. 그러나 그런 상황에서도 누군가 뒤에서 밀어주고 기도해준다면 그것은 최대의 위안이 될 수 있다. 그 역할을 아내가 해야 한다. 하나님이 돕는 배필로 세워주신 것은 바로 이런 일을 위해서다. 이런 면에서 보면 늘 뒤에서 기도해주는 아내가 있는 남편은 행복하다. 그리고 그런 남편은 실패하지 않고, 결국은 형통한 삶을 살게 된다.

이스라엘 백성들이 출애굽하여 시내산에 이르렀다. 그리고 시내산에서 하나님과 언약을 맺는다. 이제는 다른 나라들과 달리 이스라엘은 하나님의 언약의 백성으로서 삶을 시작한다. 십계명과 율법을 받고, 성막을 통해서 하나님과 만나는 길을 제시받는다. 그리고 이제 다시 광야길을 가야 한다. 그런데 광야길을 가는 것은 그리 녹록지 않다. 메마르고 뜨거운 광야를 행진한다는 것은 혼자의 힘으론 불가능하다.

그런데도 광야길을 통과해야 가나안 땅에 도착할 수 있다. 그러나 이스라엘 백성들에게는 피할 수 없는 과정이다. 이 과정을 거치지 않으면 약속의 땅에 들어갈 수 없다. 이스라엘 백성들은 이렇게 힘든 여정을 출발하기에 앞서 하나님의 중요한 승리의 지침을 모세를 통해 받게 된다. 그것은 아론의 제사장들에게 이스라엘 자손들을 축복하는 일이다. 어려운 광야길을 하나님의 축복을 받으면서 나아가면 하나님이 복을 주셔서 능히 이길 수 있다는 것을 우리에게 일깨워준다.

"아론과 그의 아들들에게 말하여 이르기를
너희는 이스라엘 자손을 위하여 이렇게 축복하여 이르되
여호와는 네게 복을 주시고 너를 지키시기를 원하며
여호와는 그의 얼굴을 네게 비추사 은혜 베푸시기를 원하며
여호와는 그 얼굴을 네게로 향하여 드사
평강 주시기를 원하노라 할지니라 하라.
그들은 이같이 내 이름으로 이스라엘 자손에게 축복할지니
내가 그들에게 복을 주리라"(민 6:23-27).

이것은 오늘날에도 그대로 적용된다. 이 기도를 남편에게 적용할수 있다. 남편이 나가는 세상은 광야길과 같이 힘든 곳이다. 순간순간 어려움이 밀어닥친다. 사탄의 유혹이 감싸고 있다. 어떤 유혹과 어려움이 남편을 흔들지 모른다. 그런 중에도 승리하기 위해서는 혼자 힘으로는 안 된다. 하나님의 축복을 받아야 한다. 하나님이 도와주시지 않으면 하루를 살아가는 것이 불가능하다. 그러나 하나님의 은혜를 받으면 어떤 상황에서도 이길 수 있다.

세상을 향해 나아가는 남편에게 아내는 제사장의 심정으로 아론의 축복 기도와 같은 기도를 해줄 수 있다. 남편에게는 대단한 힘이 될 것이다. 예수님의 이름으로 남편을 축복한다면 하나님이 남편에게 복을 주실 것이다. 매일 매일 남편을 위해 이런 축복 기도를 해주면 어떨까? 아내의 기도를 받고 세상으로 나아가는 남편은 얼마나 힘이 날까? 상상만 해도 아름다운 일이다. 이것이 남편을 위해서 아내가 축복 기도를 해야 하는 이유이다.

아내가 남편을 위해
기도하지 않는 이유

아내들은 남편을 위해서 기도해야 한다는 사실을 잘 알고 있다. 그런데도 아내들이 남편을 위해 기도하지 못하는 이유는 무엇일까? 그것은 남편을 위한 축복 기도가 습관화되지 못해서다. 기도는 훈련이며 습관이다. 몸에 배어서 자연스럽게 기도할 수 있도록 반복해서 훈련해야 하고, 정해진 시간에 기도할 수 있도록 습관화해야 한다. 그렇기에 매일 정해진 시간에 남편을 위해서 기도하는 것이 필요하다. 마치 식물이 잘 자라기 위해서는 매일 물을 주어야 하는 것처럼 그런 정성이 필요하다. 갑자기 어느 날 물을 많이 주면 오히려 해가 된다. 매일 조금씩 물을 꾸준히 주는 것이 더욱 중요하다.

그렇다면 왜 남편을 위해서 기도하는 시간이 아내의 우선순위에서 밀려날까? 왜 남편을 위해서 매일 기도하지 못하는 것일까? 그것은 남편을 진정으로 사랑하지 않아서다. 남편이 정말 잘되기를 원한다면 기도할 수밖에 없다. 그리고 남편에게 하나님의 도움이 필요하다는 사실을 깊게 느끼지 못해서다. 인간의 힘으로 살 수 있다는 교만함이 기도를 하지 못하게 한다.

결국 아내가 남편을 위해서 기도하려면 먼저 남편은 하나님의 도우심과 은혜가 절대로 필요하다는 사실을 인식해야 한다. 매일 하나님의 도우심이 없으면 살아가기 어렵다는 사실을 깨달으면 자연스럽게 기도하게 된다. 생각해보라. 위험을 알고 있는 사람은 상대방을 위해서 자연히 기도하게 된다. 그러나 위험을 인지하지 못하면 기도의 필요성을 느끼지 못하고 기도하지 않게 된다.

또 하나 아내가 남편을 위해서 기도하지 못하는 이유는 아내의 믿음 때문이다. 남편을 위해 기도하기 위해서는 자신이 먼저 하나님 앞에 바로 서는 일이 필요하다. 왜냐하면 나 자신의 믿음만큼 기도하기 때문이다. 내 믿음의 영역만큼 기도의 영역이 넓어진다. 이렇게 보면 기도하는 사람의 믿음이 절대적으로 중요하다. 남편을 위한 기도를 하기 위해서는 아내 자신의 믿음의 깊이를 다져야 한다.

왜냐하면 기도하고 싶다고 기도가 되는 것이 아니기 때문이다. 기도는 언제나 믿음이 있는 사람이 먼저 하게 된다. 그러므로 기도하는 사람이 리더이다. 기도를 받기보다는 기도를 해주는 사람이 되어야 한다. 그렇게 하기 위해서는 모든 면에서 성장해야 한다. 믿음이 적은 사람은 자기를 위해서 뿐 아니라 다른 사람을 위해서도 기도하지 않는다. 그러나 믿음이 있는 사람은 늘 다른 사람을 위해서 기도하기를 힘쓴다.

성경에 보면 이런 말씀이 나온다.

"믿음의 기도는 병든 자를 구원하리니 주께서 그를 일으키시리라. 혹시 죄를 범하였을지라도 사하심을 받으리라. 그러므로 너희 죄를 서로 고백하며 병이 낫기를 위하여 서로 기도하라. 의인의 간구는 역사하는 힘이 큼이니라. 엘리야는 우리와 성정이 같은 사람이로되 그가 비가 오지 않기를 간절히 기도한즉 삼 년 육 개월 동안 땅에 비가 오지 아니하고 다시 기도하니 하늘이 비를 주고 땅이 열매를 맺었느니라"(약 5:15-18).

아내의 믿음이 필요하다. 믿음만큼 기도한다는 진리를 안다면 먼저 믿음을 키워야 한다. 말씀과 기도로 먼저 아내가 바로 설 때 비로소 남편을 위해서 기도할 수 있게 된다.

믿음의 기도는 역사하는 힘이 크다. 아내의 믿음의 정도에 따라 기도의 능력이 나타난다. 교회의 장로들을 청하여 기도하는 것은 믿음을 가진 사람들이기 때문이다. 아내가 장로의 믿음처럼 된다면 그 기도는 힘이 있고 남편을 변화시키는 위력을 발휘하게 된다. 아무리 힘든 상황일지라도, 변하기 힘든 남편일지라도 아내의 믿음 기도는 남편을 충분히 변화시킨다.

엘리야와 같은 믿음을 가진다면 우리도 엘리야 같은 기적을 일으키는 기도를 할 수 있다. 아내들이여, 엘리야와 같은 믿음을 달라고 기도하고, 그것을 위해 힘쓰라. 그러면 남편들이 변화될 수 있다. 기도를 통해 어떤 불가능도 가능하게 하시는 하나님을 만나라. 아내들이여, 믿음을 업그레이드하라. 기도로 남편을 거인으로 우뚝 세워라.

기도의 모델을 찾아라

어떻게 하면 남편을 위해 기도를 잘할 수 있을까? 그것은 성경에서 기도의 모델을 찾아서 그것을 닮는 것이다. 모델을 계속 생각하고 묵상하면서 그 사람들을 닮도록 노력하면 된다. 이것을 위한 지침으로 두 사람을 마음에 담으면 도움이 될 것이다.

첫째, 아내가 남편을 위해서 기도하는 모델로 예수님을 생각할 수 있다. 예수님이 제자들에게 가르쳐주신 주기도문(마 6:9-13)과 주님의 대제사장 기도문(요 17장)이 그 좋은 예다. 여기에는 주님의 마음이 담겨 있다. 또 어떻게 기도해야 하는지 그 내용이 담겨 있다. 남편이 어떻게 살아야 하는지, 어떤 모습으로 세워지면 좋을지에 관해서 내용이 자세히 나온다. 주님이 기도를 통해서 제자들에게 갖는 마음은 오늘날 아내가 남편에게 향한 마음과 같다. 주님의 마음을 품고 남편을 위해 주님의 기도처럼 한다면 이보다 더 좋은 기도는 없을 것이다. 해당 성경 구절을 묵상하면서 기도 제목을 뽑는다면 많은 도움을 얻을 수 있다. 그것을 통해 아내가 남편에 대해서 어떤 마음을 품고 기도해야 하는지 배울 수 있다.

둘째, 아내가 남편을 위해 기도하는 모델로 바울을 생각할 수 있다. 바울은 자기가 세운 교회들을 향해서 서신서를 남겼다. 바울서신서(로마서, 고린도전후서, 갈라디아서, 데살로니가전후서, 에베소서, 빌립보서, 골로새서, 빌레몬서, 디모데전후서, 디도서)를 살펴보면 다양한 기도문이 소개되고 있다. 서신서를 읽어 보면 바울의 성도들을 향한 애절한 마음과 어떻게 믿음이 성장하고, 하나님의 형상으로 닮아가야 하는지 기도 내용이 자세히 나온다. 특히 바울이 쓴 기도문을 살펴보면 오늘날 우리의 기도 모델이 될 수 있다. 바울이 교회와 성도를 향한 마음은 아내가 남편을 향한 마음이다. 무엇을 바라고 무엇을 원하는지 서신서의 기도문을 살펴보면 좋은 모델이 될 것이다.

에베소서 1장 17~19절에 보면 에베소 교인들을 향한 바울의 애틋한 기도가 나온다. 이런 기도문을 모델로 하여 기도한다면 남편은 교회를 세워나가듯이 주님의 형상을 닮은 사람이 될 것이다.

"우리 주 예수 그리스도의 하나님
영광의 아버지께서

지혜와 계시의 영을 너희에게 주사

하나님을 알게 하시고 너희 마음의 눈을 밝히사

그의 부르심의 소망이 무엇이며

성도 안에서 그 기업의 영광의 풍성함이 무엇이며

그의 힘의 위력으로 역사하심을 따라

믿는 우리에게 베푸신 능력의

지극히 크심이 어떠한 것을

너희에게 알게 하시기를 구하노라"(엡 1:17-19).

예를 들면 앞의 기도문에 남편의 이름을 넣어보면 이렇게 기도할 수 있다.

"우리 주 예수 그리스도의 하나님

영광의 아버지께서

우리 남편에게 지혜와 계시의 정신을 주시고

하나님을 알게 하옵소서.

남편의 마음의 눈을 밝히사

하나님의 부르심의 소망이 무엇인지를 알게 하소서.

몸 된 교회 속에서 주어지는 하나님의 축복과 영광이

얼마나 풍성하며 그 힘으로 역사하시는 힘이

얼마나 큰 것임을 깨닫게 하소서.

오늘도 하나님이 남편에게 베풀어주신 은혜를 알게 하시고
하루의 생활 속에서 하나님의 능력을 알고 체험하게 하소서.
예수님의 이름으로 기도합니다. 아멘."

　성경에는 하나님을 향한 기도의 내용으로 가득하다. 이것을 활용하면 내가 원하는 기도가 아닌 하나님이 원하시는 능력의 기도를 할 수 있다. 하나님의 뜻과 일치하는 삶을 살 수 있다. 이렇게 기도하면 점차 우리의 기도가 달라지고 깊게 되며 능력의 기도가 될 수 있다.

남편을 위해
기도하는 아내의 축복

　　남편을 위해서 기도하는 일은 엄밀히 말하면 곧 나를 위해 기도하는 일이기도 하다. 나의 믿음대로 기도하기에 기도를 통해서 나의 믿음이 자라기 때문이다. 또 기도하면 남편을 사랑하게 된다. 남편을 사랑하는 방법으로 기도처럼 좋은 일은 없다. 남편을 위해서 기도하다 보면 미웠던 남편이 사랑으로 변화되고 야속하고 이해가 안 되었던 남편의 행동들이 용서되고 남편을 더 잘 이해하게 된다. 왜 남편을 나에게 붙여주셔서 부부로 살게 해주셨는지 하나님의 뜻과 계획을 알게 된다. 기도하지 않으면 내 생각대로 남편을 생각하지만 남편을 위해서 기도하다 보면 하나님의 마음과 눈으로 남편을

바라보게 됨으로써 남편에 대한 애정과 이해가 깊어진다.

아내가 남편을 위해서 기도하면 남편이 하나님의 축복을 받는 동시에 기도하는 아내도 복을 받는다. 기도하는 사람에게 주시는 하나님의 축복이 얼마나 큰지 그것은 기도해본 사람만이 알 수 있다. 상대방을 위해서 기도하려면 상대방에 대해서 많은 것을 알아야 하고, 많이 생각해야 한다. 그러면 자연스럽게 관계가 친밀해지고 신뢰감이 더욱 생긴다.

부부관계가 안 좋은가? 그러면 남편을 위해서 기도하라. 그러면 나도 변하고 남편도 변하게 된다. 하나님은 기도를 통해서 나를 빚어가신다. 기도하면 자신의 눈이 달라지고 자기 생각과 마음이 변화된다. 눈에 보이지 않는 변화이지만 사실 대단히 큰 역사를 이루게 된다. 나에게 변화가 일어나면 남편에게도 자연스럽게 변화가 일어난다. 이것을 안다면 남편을 변화시키려고 하기보다는 아내 자신이 먼저 변화되는 것이 기도의 제목이 되어야 한다.

사실 남편을 위해서 기도하는 내용은 남편에게도 해당되지만 대부분은 자신에게도 해당되는 내용이다. 남편을 위한 기도가 되지만 자신을 위한 기도가 되는 것이다. 사람들은 자신이 바라는 것을, 알고 있는 것을 기도하기 때문이다. 그것은 기도를 통해 하나님이 자신도 그렇게 변화시켜주시기를 원하는 것이다. 아내가 남편을 위한 기도를 하면 아내와 남편이 동시에 변화된다. 이것이 기도를 통해 주시는 풍성한 은혜이다.

지금부터 남편을 위한 기도를 시작하자. 남편을 위한 사랑의 여행을 떠나보자. 전인격적인 사랑을 기도를 통해서 이뤄보자. 하나님이 우리 부부를 통해서 이루실 큰 역사를 기대하면서 한 걸음씩 남편을 위한 기도를 시작해보자. 당신이 생각하는 그 이상의 축복이 당신 남편과 가정에 임할 것이다.

네 가지 차원의
균형 잡힌 기도를 해라

많은 사람이 기도를 어려워하는 것은 "어떤 내용으로 기도할까?"를 모르기 때문이다. 그런 사람들에게 이 책에 나와 있는 기도문은 많은 도움이 될 것이다. 여기에 제시된 기도문은 예수님을 모델로 삼고 있다. "예수는 지혜와 키가 자라가며 하나님과 사람에게 더욱 사랑스러워 가시더라"(눅 2:52)는 말씀을 바탕으로 남편이 영적으로, 감정적으로, 육체적으로, 사회적으로 성장할 수 있도록 구성되었다. 예수님께 남편을 일치시키는 마음으로 기도한다면 더욱 능력 있는 기도를 할 수 있을 것이다.

남편을 예수님과 같이 하나님이 원하는 사람으로 변화시키기 위해서는 우선 하나님의 형상을 회복해야 한다. 사랑하는 사람이 하나님의 사람으로 변화되기 위해서는 균형 있는 성장이 이루어져야 한다. 어떤 아내도 남편의 불균형적인 성장을 원하지 않을 것이다. 기능적이며 기계적인 성장은 위험하다. 전인적으로 성장을 이루어야 한다. 즉 영적인 부분, 감정적인 부분, 육체적인 부분, 사회적인 부분에서 고른 성장이 필요하다.

기도할 때도 이런 균형적인 시각에서 기도해야 한다. 어느 한부분에만 치중하는 것이 아닌 전체적인 부분에서 기도해야 한다. 이것은 예수님의 모습이고, 하나님이 우리에게 바라시는 모습이기도 하다. 다음의 기도 예시는 이런 균형 잡힌 신앙의 모습의 지침을 제공하면서 기도의 예를 제시했다. 부족한 부분에 대해서는 각자 상황에 맞게 첨가하여 보완하면 기도에 도움이 될 것이다.

첫째, 영적인 부분을 위한 기도

사람은 정신적이며, 감정적이며, 육체적이면서 또한 영적이다. 인간은 총체적인 요소를 지니고 있다. 이중에서도 영적인 부분은 모든 것을 관장하는 중요한 부분이다. 영적인 부분이 죽으면 모든 것이 죽게 된다. 일차적으로 영적인 영역을 살려야 한다. 영을 살리면 육도 살아난다. 영은 하나님을 만날 때 살아난다. 하나님을 알아가고, 하나님을 사랑하는 영적인 부분에 대한 기도는 인간의 삶을 풍요롭게 하는 데 결정적이다. 예수님을 믿었다고 단번에 영적인 영역이 자라지는 않는다. 많은 과정과 오랜 시간을 통해서 하나님을 알아가야 한다. 이런 면에서 영적인 성장을 위한 기도는 중요하고, 이 부분이 해결되어야 다른 것들도 쉽게 해결될 수 있다.

둘째, 감정적인 부분을 위한 기도

사람은 이성적이면서도 감정적이다. 감정은 사람에게 윤활유와 같은 역할을 한다. 감정을 통해서 사람은 생기를 얻고 여유와 상상력을 갖게 한다. 그러면서도 감정에 이끌리면 절제하지 못하고 삶의 균형을 잃을 수 있다. 감정도 보이지 않는 영역으로 쉽게 판단하기 어렵다. 정신은 사고와 머리에 해당하지만 감정은 마음에 해당된다. 마음을 풍요롭게 하고 따스하게 하는 것은 감정적인 영역이다. 감정에 성숙하지 못하면 상처를 입고 쉽게 좌절하게 된다. 영적인 부분과 감정적인 부분이 함께 조화를 이룰 때 온전한 인격으로 자라갈 수 있다. 특히 남편들에게는 감정적인 부분이 약하다. 여성의 특징인 감정적인 부분을 잘 보완하면 좋은 결과를 기대할 수 있다.

셋째, 육체적인 부분을 위한 기도

육은 인간의 몸에 해당되는 것으로 몸 역시 하나님이 주셨다. 다만 몸은 죄로 인하여 타락된 것으로 불완전하다. 그래서 모든 인간은 얼마 살다가 죽음을 맞이한다. 육신의 한계를 드러내게 된다. 육신은 불완전하기에 많은 사람이 힘들어한다. 아픔과 질병과 고통 등은 육체에 관련된 것이다. 나름대로 육체를 잘 관리하는 것이 하나님의 뜻이다. 육체가 힘들면 마음마저 힘들어진다. 그것은 육체와 마음이 하나로 연결되었기 때문이다. 육체적인 부분을 잘 가꾸는 것도 하나님의 뜻이다. 다만 육신을 자기의 욕심을 위해서 사용하는

것은 죄악이다. 육체를 거룩한 뜻에 사용하는 몸으로 성장하고 발전
시키는 것이 우리가 해야 할 일이다.

넷째, 사회적인 부분을 위한 기도

하나님이 인간을 만드실 때 혼자 살게 하지 않으셨다. 사람과 함
께 살게 했고 하나님이 만드신 자연을 관리하면서 살게 하셨다. 사
람은 공동체를 통해서 자라가고 성숙해진다. 교회도 공동체이다. 신
앙은 개인적이면서 공동체적이다. 아무리 개인적으로 뛰어나도 공
동체적으로 문제가 있으면 그 사람은 하나님의 사람이 될 수 없다.
사회적인 영역에서 덕을 세우며 이웃을 내 몸같이 사랑하는 사람이
하나님의 형상을 닮은 모습이다. 그것은 자연의 영역까지 나아가 자
연을 책임지고 관리하는 사람이 되어야 한다. 가정, 직장, 이웃, 교
회, 국가, 인류 등 사회적인 부분은 넓다. 그리스도인은 이런 영역에
서 하나님의 사람으로 주도적인 삶을 살아야 한다. 이것을 한꺼번에
이룰 수는 없지만, 그래도 이것을 이루기 위한 과제로 삼고 기도해
야 한다.

P·a·r·t·1

:
:
:

하나님을 사랑하며
예수님을
닮아가는 기도

구원을 즐거워하게 하소서

사랑과 구원의 주님!
사랑하는 남편을 위해 기도합니다.

우리에게 구원을 주신 주님의 은혜를 찬양합니다.
구원받은 자녀로서 하루를 살게 하심을 감사드립니다.
매 순간마다 잊기 쉬운 구원의 은혜에 감사하게 하시고
구원받은 힘으로 모든 것을 행하게 하소서.
구원받은 것이 얼마나 행복하며
최고의 축복을 받았음을 인식하여 자랑하게 하시고
그것을 삶에서 즐기게 하소서.
구원받은 사람을 주시어 서로 사랑하게 하시고
구원받은 자녀로서 교제하게 하심을 감사드립니다.

모든 출발이 하나님의 구원에서 이루어짐을 알게 하시고
구원의 능력으로 세상에서 승리하는 삶을 살게 하소서.

서로 만날 때마다 이미 받은 구원을 즐거워하며

구원을 이루어가는 성숙한 삶으로 인도하소서.

우리의 만남이 온전한 구원을 이루는 데

방해가 되지 않게 하시고

오히려 그 구원을 이루는 데 사용되게 하소서.

우리의 구원에 만족하지 말고

아직도 구원에 이르지 못한 주위 사람들에게

구원의 복음을 전하게 하시고

구원의 은혜를 나누어주는 데 우리의 만남이 쓰이게 하소서.

구원 받을 자격이 없는 우리를 구원해주신

주님의 사랑으로 이웃을 바라보게 하시고

사랑하는 사람을 바라보게 하여

늘 겸손함으로 생활하게 하소서.

구원받은 자의 아름다움을 세상에 드러내게 하시어

주님의 영광을 나타내소서.

예수님의 이름으로 기도합니다. 아멘.

구원의 확신을 주소서

생명의 주님!
사랑하는 남편을 위해 기도합니다.

예수님을 이 땅에 보내주셔서
우리를 구원해주신 하나님을 찬양합니다.
하늘 보좌를 버리고 이 땅에 내려와
죄악 된 인간을 위해 죽으신
십자가의 은혜를 바라보면서 감사를 드립니다.

날마다 하루의 삶이
나를 구원해주신 은혜에 감격하는 삶이 되게 하소서.
구원받은 은혜를 날마다 선포하게 하시고
만나는 사람들에게 구원을 이루는 삶이 되게 하소서.
간절히 기도하기는 구원을 확신하고
모든 일에 담대함으로 도전하게 하소서.

세상과 타협하지 않고
아빠로서, 남편으로서, 자부심을 품고
하나님의 왕 같은 자녀로서 삶을 살도록 도와주소서.
구원이 흔들릴 때마다 감정과 환경에 이끌리기보다는
변하지 않는 주의 말씀에 깊게 빠지게 하소서.
그리고 어떤 환란과 고난이 닥쳐도 흔들리지 않는 믿음으로
구원의 일을 감당하게 하소서.

죽어가는 수많은 영혼을 구원해내는 사명을
잘 감당하는 사람이 되게 하소서.
내 힘으로 구원받은 것이 아니라
전적인 하나님의 은혜의 선물로
구원이 이루어졌음을 믿고
분명한 확신 속에 하루하루를 살아가게 하소서.
예수님의 이름으로 기도합니다. 아멘.

하나님의 형상을 회복하게 하소서

우리에게 하나님의 형상을 부어주신 하나님!
사랑하는 남편을 위해 기도합니다.

원래의 창조하신 그 모습을 우리에게 주신 하나님을 찬양합니다.
죄악으로 인하여 하나님의 형상을 잃어버렸지만
다시 주님의 은혜로
하나님의 형상을 회복할 수 있게 하심을 감사합니다.
원하기는 우리 안에 있는 하나님의 형상이
의와 진리와 거룩함으로 새롭게 자라가게 하소서.
그리스도의 영성으로 우리 영혼이 살아나게 하시고
보이지 않는 영적인 세계를 그리스도의 영으로 바라보게 하소서.
보이는 세상을 통해 보이지 않는 하나님의 세계를 보게 하시고
일시적인 모습을 통해 영원한 세계를 보게 하소서.
그리스도의 영성은 하나님과의 관계뿐 아니라
이웃과 자연의 관계에도 연관되어 있음을 알고

균형 잡힌 관계를 갖게 하소서.

그리하여 모든 영역에서 책임 있는 그리스도인의 삶을 살게 하소서.

사랑하는 사람에게 그리스도의 영성이 가득하여

생각하고 행동하는 모든 것이

이제 그리스도의 마음과 생각으로 하게 하시고

주님의 형상을 바라보면서 그것을 흠모하게 하소서.

지속적인 주님과의 관계 속에서

하나님의 총명과 지식이 계속 자라가게 하시며

세상에서 주님의 대사(大使)로서 삶을 살게 하소서.

우리의 만남을 통하여 그리스도의 영성이 더욱 함양되게 하시고

서로를 사랑하는 마음을 주시되

육신이 아닌 하나님의 영으로 사랑하게 하시고

하나님이 보시기에 좋은 커플로 자라가게 하소서.

하나님의 나라와 의를 이루는 만남이 되게 하시고

서로에게 영향력을 끼치는 각자가

주님의 충실한 제자로 살게 하소서.

오직 주님의 모습만 닮아가는 삶이 되게 하소서.

예수님의 이름으로 기도합니다. 아멘.

성령 충만함을 주소서

충만하신 주님!
사랑하는 남편을 위해 기도합니다.

성령 충만을 주옵소서.
성령으로 생각과 마음과 온 삶이 지배받게 하소서.
성령의 기름으로 온몸을 적시게 하셔서
하는 모든 일을 통해 성령의 능력이 나타나게 하소서.
육신의 생각으로 하기보다는
성령의 생각으로 일을 추진하게 하소서.

평소에 성령의 충만을 위해 기도하며
말씀으로 무장하게 하시고
성령의 뜻이 나타났을 때는 지체하지 않고 순종하게 하소서.
가정에서도 성령의 충만함을 주시어
남편의 권위를 세우게 하시고

교회에서도 성령의 충만함을 주시어
성도의 의무를 잘 감당하게 하소서.

직장에서도 성령의 충만함을 주시어
많은 사람을 주께 돌아오게 하는 일에 사용되게 하소서.
악한 일과 타협하지 말고 선한 일을 감당하게 하소서.
성령의 충만함을 통해 성령의 은사가 나타나게 하시고
성령의 은사를 통해 주의 이름이 드러나게 하소서.

육신의 열매는 사망에 이르게 하지만
성령의 열매는 생명에 이르게 합니다.
하루를 살 때도 성령의 생각에 사로잡혀 살게 하시고
사람을 만날 때도 성령의 지배받아 교제하게 하소서.
시와 찬미로 주님을 높이고
감사와 기쁨이 가득한 성령 충만한 삶을 살게 하소서.
예수님의 이름으로 기도합니다. 아멘.

말씀으로 새롭게 하소서

진리의 주님!
사랑하는 남편을 위해 기도합니다.

세상을 말씀으로 창조하시고
이 땅에 말씀으로 오신 주님을 찬양합니다.
우리를 말씀으로 구원해주신 은혜를 감사드립니다.
모든 시작이 말씀이요, 마치는 것도 말씀임을 믿습니다.
세상의 물질은 사라지지만 말씀만은 영원함을 믿습니다.

주님! 원하기는
남편에게 늘 말씀을 사모하는 마음을 주소서.
말씀으로 새롭게 창조되는 것을 꿈꾸게 하시고
말씀으로 비전을 발견하게 하소서.
날마다 말씀 앞에 설 때 자신의 죄악을 고백하게 하시고
자신을 겸손하게 하나님 앞에서 낮추는 사람이 되게 하소서.

말씀은 살아 있고 능력 있음을 믿고
늘 말씀에 순종하는 삶을 주소서.

진리로 거룩하게 하시고
생각과 마음과 행동을 말씀으로 매일 새롭게 하소서.
힘들 때마다 말씀 안에서 길을 찾게 하시고
답답할 때 말씀의 생수로 희망을 얻게 하소서.
사람이 위로해주지 못하는 것을 말씀 속에서 받게 하시고
조금씩 말씀이 마음에 새겨짐으로써
주님의 형상을 입게 하소서.

말씀으로 충만하게 하시어
그것으로 세상을 보며 사람들을 바라보게 하소서.
창조의 영으로 영을 새롭게 하시고
말씀을 이루는 삶이 되게 하소서.
주변 사람들에게 진리의 말씀을 증거하는
사람이 되게 하소서.
갈 길을 몰라 방황하는 사람들에게
진리의 길을 안내하는 사람으로 성장시켜주소서.
예수님의 이름으로 기도합니다. 아멘.

기도의 시간이 즐겁게 하소서

응답의 주님!
사랑하는 남편을 위해 기도합니다.

오늘도 우리의 모든 것을 듣고 바라보시는 하나님을 찬양합니다.
무엇이든지 기도하는 것은 응답해주시는 주님을 믿게 하소서.
힘들 때 사람에게 찾아가 도움을 구하기보다는
먼저 하나님에게 구하게 하시고 하나님 앞에 무릎 꿇게 하소서.
우리의 속마음을 이미 다 알고 계시고
우리가 기도하기 전에 우리가 무엇을 구해야 할지 아시는 주님,
주님을 신뢰하고 가까이하는 자에게 복을 주신다고 했으니
그것을 믿고 나아가게 하소서.

주님과 대화하는 기도시간을 사모하게 하시고
매일 기도하는 영을 허락하소서.
기도의 시간을 통해 하나님의 마음을 알게 하시고

주님의 뜻을 실천하는 능력을 부어주소서.
자신의 욕망을 위하여 간구하기보다는
하나님의 뜻을 구하는 사람이 되게 하소서.
기도는 먼저 자신을 발견하는 시간임을 알게 하시고
기도를 통하여 먼저 자신을 변화시키는 은혜를 주소서.
변화된 자신을 통하여 환경과 다른 사람들이 점차 변화되게 하시고
하나님의 영광을 드러내는 삶이 되게 하소서.

기도하는 시간이 즐거운 시간이 되게 하시고
기도의 시간을 통하여 하나님과 깊은 만남이 일어나게 하소서.
힘들 때만 기도하지 말게 하시고
평안할 때도 감사의 기도를 하게 하소서.
필요한 것을 달라는 기도만 하지 말고
자신을 헌신하는 기도도 하게 하소서.
자신만을 위한 기도가 되지 않고
이웃과 교회를 위한 기도도 함께하게 하소서.
기도를 통해 하나님이 자기에게 다가오게 하기보다는
기도를 통해 자신이 하나님 앞에 한 걸음 다가서게 하소서.
예수님의 이름으로 기도합니다. 아멘.

죄를 회개하게 하소서

구원과 용서의 주님!
사랑하는 남편을 위해 기도합니다.

가장 무서운 죄에서 용서받게 하심을 감사합니다.
나의 힘으로 해결할 수 없는 죄를
십자가의 죽음으로 용서받는 길을 열어주신
주님의 은혜를 찬양합니다.
주님의 죽으심이 아니었으면 인간의 죄에 대한 문제는
영원한 미해결로 남을 수밖에 없는
인간의 불행이었음을 고백합니다.
오늘도 여전히 죄인으로 살지만
주님의 은혜로 죄에서 자유롭게 하심을 감사합니다.
모든 인간의 문제가 죄로 인한 것임을 알고
어려움을 당하고 수고로운 삶을 살아갈 때마다
인간의 죄를 알게 하소서.

인간을 힘들게 하는 죄를 미워하고 죄를 멀리하게 하소서.

내 안에 죄가 있음을 인식하여

날마다 하나님의 은혜를 사모하게 하시고

그 믿음으로 죄에서 벗어나게 하소서.

우리의 만남을 축복해 주시고

더는 우리 사이에 죄가 자리 잡지 않도록

주님의 말씀으로 채워주소서.

인간의 생각이 모든 것을 결정하지 말게 하시고

하나님의 진리의 말씀으로

우리의 생각과 행동을 다스리게 하소서.

하나님을 떠난 순간 죄가 우리를 지배함을 믿으며

하나님의 생각으로 우리 안에 가득하게 하소서.

만나서 교제할 때마다 주님의 생각이 우선이 되게 하시고

기도하면서 주님의 뜻을 먼저 분별할 수 있는 은혜를 주소서.

말씀이 우리 안에 풍성하게 거하게 하시어

그 말씀으로 죄악을 이기게 하시고

세상을 사랑하고 자기중심으로 나아가는

악한 본성을 다스려주소서.

예수님의 이름으로 기도합니다. 아멘.

하나님의 거룩성을 지키게 하소서

거룩하신 주님!
사랑하는 남편을 위해 기도합니다.

하나님을 믿는 사람은 거룩한 사람들입니다.
하나님의 거룩성을 가진 사람들입니다.
내가 거룩하니 너희도 거룩하라고 하신 것처럼
세상 속에서 하나님의 거룩성을 유지하게 하소서.
진리로 생각을 거룩하게 하시고
말씀으로 마음을 성결하게 하소서.
타락된 세상 속에서 살지만
그 속에서 하나님의 거룩성을 지키도록 도와주소서.

어디를 가든지 주님의 자녀 됨을 잊지 말고
자기 정체성을 갖게 하소서.
다니엘이 이방 나라에서 자신을 더럽히지 않고

하나님의 거룩성을 지킨 것처럼

세상 속에서 하나님의 자녀 됨을 잃지 않게 하소서.

외적인 모습만 구별되지 않게 하시고

마음과 영혼까지 구별된 사람이 되게 하소서.

구별된 모습을 통해 자기 자만심에 빠지지 말게 하시고

무엇을 하든지 선을 따라가게 하소서.

부부의 거룩성을 파괴하지 말게 하시고

가정의 거룩성을 지키는 사람이 되게 하소서.

교회의 거룩성을 세우는 사람이 되게 하시고

직장에서 하나님의 자녀 됨을 잊지 않게 하소서.

이것을 위해 능력이 필요하오니

하늘의 신령한 은혜를 주시어

어디서든지 하나님의 거룩성을 세우며

전하는 사람이 되게 하소서.

예수님의 이름으로 기도합니다. 아멘.

날마다 신앙이 성숙해지게 하소서

우리의 소망이 되는 주님!
사랑하는 남편을 위해 기도합니다.

우리의 신앙이 어린이 신앙에 머물지 않게 하시고
날마다 신앙이 성숙해가게 하옵소서.
내 중심의 신앙에서 이웃 중심으로
세상 중심에서 하나님 나라 중심으로
물질 중심에서 영혼 중심으로
일시적인 것에서 영원한 것으로
변하는 것에서 변하지 않는 것으로 성숙하게 하소서.

보이는 것에서 보이지 않는 것으로
높은 자리를 구하기보다는 낮은 자리를 구하는 것으로
자기를 드러내는 것에서 자기를 희생하는 것으로
으뜸이 되는 것보다는 종이 되는 것으로

섬김을 받기보다는 섬기는 삶으로
한 번에 많은 것을 하기보다는
한 번에 하나씩 하는 마음으로 성숙하게 하소서.

성숙 없는 성장을 꿈꾸기보다는
성숙 있는 성장을 바라게 하시고
하나라도 더 얻으면서 즐거워하기보다는
하나라도 더 나누어주면서 행복해하는 삶을 살게 하소서.

성숙을 위해서 훈련을 중요하게 생각하며
지치지 않고 꾸준한 인내를 가지고
하나님의 연단을 잘 감당하게 하소서.
과정을 뛰어넘은 빠른 결과를 이루기보다는
충분한 과정을 통하여 성장과 성숙을 이루게 하소서.

성숙을 위해 아픔은 필연적임을 알게 하시고
감당 못 하는 시험을 주시지 않는 하나님을 신뢰하며
주신 시련을 하나님이 주신 성숙의 기회로 삼게 하소서.
그리스도의 장성한 분량에까지
성숙한 경지에 이르게 하소서.
예수님의 이름으로 기도합니다. 아멘.

하나님을 닮은
사랑의 사람이 되게 하소서

사랑의 주님!
사랑하는 남편을 위해 기도합니다.

이 세상을 사랑하시되
끝까지 사랑하시는 주님을 찬양합니다.
오늘도 나를 사랑하시되 죽기까지 사랑하시고
사랑할 수 없는 죄인 된 나를 사랑하시어
십자가에 죽으신 주님의 은혜에 감사드립니다.

남편에게 주님의 사랑을 배우게 하소서.
사랑만이 세상을 변화시킬 수 있음을 믿고
사랑의 사도가 되게 하소서.
주님이 가르쳐준 사랑을 깨닫게 하시고
그 사랑을 아는 데 그치지 말고

삶의 현장에서 실천하게 하소서.
사랑받은 만큼 사랑하는 것임을 알게 하시고
많은 주님의 사랑을 먼저 체험하게 하소서.

억지로 사랑하는 것이 아닌
자연스럽게 사랑이 몸에 배게 하소서.
모든 것은 사랑 때문에 존재함을 믿고
주님의 사랑을 이루기 위해 노력하게 하소서.
성경을 통해 주님의 사랑을 배우고
사랑의 능력을 체험하게 하소서.

성령은 사랑의 영인 줄로 믿습니다.
사랑이 없으면 아무것도 아니라고 하셨사오니
모든 것을 사랑 때문에 하게 하소서.
맨 마지막에는 오직 사랑만이 남게 하소서.
사랑받기보다는 사랑하고
내가 먼저 사랑하는 법을 터득하게 하소서.
세상의 사랑이 아닌 주님의 사랑을 배우게 하소서.
예수님의 이름으로 기도합니다. 아멘.

주님을 주인으로 섬기게 하소서

주인이 되신 주님!
사랑하는 남편을 위해 기도합니다.

인생의 주인은 우리 자신이 아닌 하나님이심을 믿습니다.
인생의 주인을 주님으로 모시고
그분에게 순종하는 사람이 되게 하소서.
그동안 내가 주인이 되었던 삶을 회개하고
내 안에 모신 주님을 주인으로 모시게 하소서.
늘 주님에게 순종하는 자세를 갖게 하시고
"말씀하옵소서. 주의 종이 듣겠나이다" 하는
심정이 되게 하소서.

나의 마음의 방에 주인이 내가 아닌
주님이 되도록 늘 힘쓰게 하소서.
악한 마귀는 나를 주인으로 세우려고 하는데

이런 계략에 빠져들지 말게 하소서.
나의 힘으로 할 수 있는 것은 하나도 없음을 알게 하시고
주님을 전적으로 신뢰하는 마음을 주소서.
그 속에서 나오는 평강과 기쁨과 사랑을 체험하게 하소서.

성령의 열매는 주님에게 모든 것을 맡기고
주님의 인도하심에 따라 살 때 주어지는
하나님의 선물입니다.
하나님을 거부하고 하나님을 주인으로 모시지 않으면
하나님은 이런 선물을 주시지 않음을 알게 하소서.
매일의 삶에서 주님의 마음과 생각으로 살게 하소서.
사소한 것이라도 기도하면서 결정하고 행동하게 하소서.

하나님이 도와주시는 놀라운 은혜를 체험하면서
남편의 믿음이 점점 자라가게 하소서.
자기가 주인인 사람들을 바라보면서 닮지 말고
전적으로 성령의 인도하심을 받는 그런 사람이 되게 하소서.
하루의 삶을 주님이 인도하심을 믿고
광야 같은 생활 속에서도 포기하지 않고
주님을 신뢰하게 하소서.
예수님의 이름으로 기도합니다. 아멘.

온전한 주님의 형상을 닮아가게 하소서

완전하신 주님!
사랑하는 남편을 위해 기도합니다.

사랑하는 남편에게 주님의 온전하심이 임하게 하옵소서.
사람을 닮기보다는
온전한 주님의 형상을 닮아가게 하시고
무엇보다도 하나님 안에서
자기의 본래의 모습을 알아가게 하소서.

우리 안에 있는 하나님의 형상을 남편도 발견하게 하시고
많은 사람 속에서 주님의 형상을 드러내게 하옵소서.
건전한 자아상이 주님 안에서 확립되게 하시고
그런 기초 속에서 세상과 이웃을 바라보는 믿음을 주소서.

눈에 보이는 대로 보지 않게 하시고

주님의 마음으로 세상을 바라보게 하소서.
날마다 자기를 그리스도 앞에서 죽는 훈련을 하게 하시고
주님의 형상이 그를 통하여
밝히 드러남을 경험하게 하소서.

말씀으로 무장시켜주셔서
말씀이 육신이 되는 삶을 살게 하소서.
모든 생각이 하나님의 말씀에서 나오게 하시고
말씀을 이루는 삶을 살게 하소서.

혹시 부족한 인간의 허물이 있거든
그것을 하나님을 드러내는 데 사용하게 하시고
불완전한 자아상이 나타날 때마다
주님을 더욱 사모하면서
주님을 본받는 지속적인 마음을 주옵소서.
예수님의 이름으로 기도합니다. 아멘.

하나님의 생각으로 생각하게 하소서

사랑의 주님!
사랑하는 남편을 위해 기도합니다.

무엇을 생각하든지 하나님의 생각으로 생각하게 하시고
좋은 생각을 품게 하소서.
생각하는 대로 행동하게 됨을 알게 하시고
좋은 행동을 위해서는 좋은 생각이 필요함을 깨닫게 하소서.
좋은 생각을 품을 수 있는 일들을 찾아
행할 수 있도록 지혜를 주소서.

이성을 주신 하나님!
그 이성을 하나님을 위해서 사용하게 하시고
깊은 사고력을 주어서 사물의 보이지 않는 것까지
파악할 수 있는 능력을 주소서.
하나를 들으면 열을 깨닫게 하시고

학문과 지식의 명철함을 주시어
하는 일을 통해 하나님의 영광을 드러내게 하소서.

악한 생각들을 파악할 수 있는 사고력을 주소서.
날마다 깊고 넓고 높은 사고력을 갖도록 훈련하게 하시고
의문을 갖고 문제를 찾아가는 능력을 주소서.
질문을 갖되 비판과 불신을 위한 질문이 아닌
믿음과 사랑을 더욱 키워나가기 위한 질문을 하게 하소서.
그것을 통하여 두뇌가 발달하게 하시고
하나님의 깊은 것을 통달하는 능력을 주옵소서.
그리하여 하나님의 생각을 세상에 널리 전하는
아름다운 남편이 되게 하소서.

무엇을 하든지 생각이 무디지 않게 하시고
명확하게 사리를 분별하여
옳고 그름을 찾아가는 생각을 더하게 하소서.
힘든 세상 속에서 이기기 위해서는
생각이 올바르게 세워져야 함을 알게 하시고
그 생각을 말씀으로 훈련하게 하소서.
말씀처럼 생각하고 말씀처럼 사고하게 하소서.
예수님의 이름으로 기도합니다. 아멘.

하나님이 주신 사명을 찾게 하소서

우리를 구원하러 오신 주님!
사랑하는 남편을 위해 기도합니다.

주님은 오직 자기의 뜻이 아닌
하나님의 뜻을 이루기 위해 세상에 오셨습니다.
그것이 자기의 사명임을 아시고
죽기까지 하나님에 대해서 충성하셨고
오직 말씀을 응하기 위하여 모든 것을 바치셨습니다.
이런 주님의 사명을 우리가 본받게 하소서.
자기를 위한 사명이 되지 않게 하시고
주님을 위한 사명이 되게 하소서.

나의 뜻이 아닌 하나님의 뜻을
내 생각이 아닌 주님의 약속을 이루게 하소서.
내가 만든 사명이 아닌 하나님이 주신 사명을 찾게 하시고 그 사명에 목숨을 던지는 믿음을 주소서.
하나님의 사명을 이루기까지는
하나님이 지켜주신다는 사실을 믿고
주어진 일에 소명감으로 충실하게 사명을 감당하게 하소서.

큰 것만 보지 말고 작은 것도 보게 하시고
나타나는 것만이 아니라 나타나지 않는 것도 보게 하시고
어려운 일이 닥쳐도 주신 소명을 끝까지 이루게 하시고
내가 사명을 이루는 것이 아닌 내 안에 그리스도께서
사명을 이루는 주체이심을 믿게 하소서.
사명을 이룰 때 나의 힘을 의지하기보다는
사명을 주신 주님의 힘을 의지하게 하소서.

나를 위해서가 아닌
오직 주님을 위해서 사명이 이루어지게 하시고
사명을 통하여 나의 이름보다는
주님의 이름이 드러나게 하소서.
사명을 통하여 감사하며 즐거워하게 하시고
그것에 하루하루 의미를 찾게 하소서.
예수님의 이름으로 기도합니다. 아멘.

은사를 발견하여 계발하게 하소서

은혜의 주님!
사랑하는 남편을 위해 기도합니다.

주님을 믿는 사람은
모두에게 성령의 은사를 주심을 믿습니다.
남편에게도 이런 성령의 은사를 주심을 믿습니다.
자기에게 선물로 주신 성령의 은사를 발견하게 하시고
은사를 가지고 주님의 일을 감당하게 하소서.
없는 것을 찾기보다는 있는 것을 발견하여
그것으로 주의 나라를 위해 쓰임 받게 하소서.

발견한 은사를 잘 계발하여 사용하게 하시고
은사를 극대화하도록 열심과 사모함을 주소서.
재능을 은사로 사용하게 하시고
나를 위해서가 아닌 주의 나라를 위해

주신 재능과 은사를 사용하게 하소서.
다른 사람이 받은 은사를 부러워하지 않게 하시고
나에게 주신 것에 감사하며
그 은사를 계발하여 사용하게 하소서.

은사를 나의 뜻이 아닌
주님의 뜻을 위해 사용하게 하시고
은사로 인하여 교만하지 않게 하소서.
받은 은사를 교회의 덕을 세우는 데 사용하게 하시고
성령의 하나 되게 하심을 힘써 지키는 데 기여하게 하소서.

모든 은사가 성령이 주신 것이기에
다 소중한 것임을 알게 하시고
은사를 비교하거나 차별하는 일이 없도록 지혜를 주소서.
은사를 통해 인격이 성장하고
은사를 통해 겸손함을 배우게 하소서.
아직 은사를 발견하지 못한 다른 사람들을 도와
그들도 은사를 발견하도록 돕는 사람이 되게 하소서.
예수님의 이름으로 기도합니다. 아멘.

영적 훈련을 잘 감당하게 하소서

신실하신 하나님!
사랑하는 남편을 위해 기도합니다.

우리를 사랑하시되 끝까지 사랑하시고
늘 좋은 것으로 채워주시는 하나님을 찬양합니다.
우리가 생각하는 것보다
하나님은 나에 대해 더 큰 꿈을 가지고 계심을 믿습니다.
우리가 기대하는 것보다 하나님은 나에 대해
더 아름다운 비전을 계획하고 있음을 믿습니다.
아울러 이것을 이루기 위해
하나님은 훈련을 준비하고 계심을 믿습니다.

하나님의 축복은 거저 주는 것이 아닌
언제나 훈련과 연단을 통하여 주어짐을 믿게 하옵소서.
어떤 훈련이든지 하나님이 주시는 것은 좋은 훈련임을 믿고 감사와 즐거움으로 받아들이게 하소서.
내가 감당하지 못할 훈련은 결코 주시지 않는
좋으신 하나님을 믿고
어떤 훈련이든지 순종하게 하소서.

이기기 힘든 훈련이 온다고 할지라도
그 안에는 나를 더욱 강하게 하여
크게 사용하려는 하나님의 선한 계획이 있음을 믿고
그것을 찬양하게 하소서.
훈련을 통하여 자기의 죄악 된 불순물이 벗겨내는
과정임을 알게 하시고 연단을 통하여
정금 같은 믿음이 나옴을 꿈꾸게 하소서.
하나님만 믿고 의지하는 남편이 되게 하시고
훈련을 잘 감당하도록 도우소서.

욥과 같은 극심한 고난을 겪는다고 하더라도
그것은 하나님이 주시는 축복의 통로임을 알게 하시고
훈련 과정을 통하여 우리에게 말씀하시는
주님의 음성을 듣고 강하게 때리는 채찍을 통하여
나를 향한 하나님의 소원함을 읽게 하소서.
예수님의 이름으로 기도합니다. 아멘.

순종하는 사람이 되게 하소서

아버지가 되신 주님!
사랑하는 남편을 위해 기도합니다.

순종이 제사보다 낫다고 가르친 말씀을 기억합니다.
하나님을 믿는 신앙에는
외적인 행위보다 내적인 마음가짐이 더 중요함을 압니다.
외적인 행위는 가식으로 할 수 있지만
마음은 속일 수 없습니다.

주님, 남편에게 마음으로 순종하게 하시고
외형으로만 순종하지 않게 하소서.
무엇보다도 말씀에 순종하게 하시고
하나님께 먼저 순종하는 법을 배우게 하소서.
하나님께 순종하듯
사람에게도 복종하는 법을 배우게 하시고

특히 스승과 부모에게 순종하게 하소서.
이해되는 것만 순종하게 마시고
이해되지 않는 것도 순종하는 법을 배우게 하소서.
세상에는 내가 알지 못하는 진실이
많이 존재함을 알게 하시고
하나님의 말씀과 권위를 인정하며
받아들이기 힘든 것에도 순종하게 하소서.

순종하는 자녀를 부모가 좋아하듯이
순종하는 사람을 하나님이 좋아함을 배우게 하소서.
자기를 낮추고 다른 사람의 의견을 존중하게 하시고
공동체의 덕을 세우기 위한 순종을 잘 감당하게 하소서.
바로처럼 강퍅한 마음을 갖지 말고
예수님처럼 하나님의 뜻에 순종하는 사람이 되게 하소서.
순종을 통하여 자기의 생각을 굴복하고
낮추는 훈련을 하게 하시고
더 높고 깊은 영적 의미를 깨닫는 기회가 되게 하소서.
예수님의 이름으로 기도합니다. 아멘.

찬양하며 살게 하소서

영광의 주님!
사랑하는 남편을 위해 기도합니다.

이 땅에 하나님만이 위대하시고
홀로 계시는 주님이심을 믿습니다.
이런 하나님을 믿을 수 있고
찬양할 수 있는 것에 감사합니다.
하나님의 위대하심을 매일의 삶에서 경험하게 하시고
그런 은혜를 찬양하는 사람이 되게 하소서.

사람을 높이기보다는, 자신을 높이기보다는
오직 하나님만 높이고 자랑하게 하소서.
생명의 근원이시고 오늘도 나를 위하여 기도하고 계시는
주님을 찬양하며 살게 하소서.
주님, 바라기는 오직 주님만이 높여지기를 원합니다.

남편이 주님을 높이는 데 사용되는 도구가 되게 하소서.
짧은 인생 속에서 헛된 영광을 바라보며 살지 않게 하시고
만왕의 왕이신 주님을 마음껏 자랑하고
찬양하면서 살게 하소서.
주님을 높게 하는 데 모든 삶을 맞추게 하시고
주님을 자랑하는 일에 인생의 초점이 되게 하소서.

하나님을 영원토록 즐거워하는 사람에게
하나님은 복을 주시는 줄 믿습니다.
점차 인간이 높아지고
물질과 권력과 명예가 가치를 부여받는 세대에서
과감하게 주님을 선포하고
오직 하나님만을 찬양하고 경배하는
담대한 사람이 되게 하소서.
하나님을 찬양하는 사람들을 찾으시는 주님!
남편이 그런 사람으로 사용되게 하소서.
어디서든지 주님을 영화롭게 하는 사람이 되게 하소서.
예수님의 이름으로 기도합니다. 아멘.

전도의 능력을 주소서

구원의 주님!
사랑하는 남편을 위해 기도합니다.

진리의 길을 몸소 보여주신 주님을 찬양합니다.
그리고 가장 소중한 복음을 알게 하시고
믿게 하심을 감사합니다.
받은 복음을 간직하지만 말고
이웃에게 전할 수 있는 담대한 믿음을 주소서.
아직도 복음을 듣지 못한 사람들이 주위에는 많이 있습니다.
주변에 사람을 바라보면서 영혼을 사랑하게 하시고
죽은 영혼에 대해 불쌍함을 허락하소서.

한 생명이 천하보다 귀한 것을 알게 하시고
그 사랑을 전하는 일에 자신의 주어진 생애를 바치게 하소서.
생명보다 귀한 것이 없음을 알게 하시고

영혼 구원에 삶을 드리게 하소서.
모든 삶의 영역을 복음을 위해 바치게 하시고
비록 잠시 있다가 가는 짧은 인생이지만
영원한 생명을 심는 사람이 되게 하소서.

복음을 전하는 일을 위해서 자신을 준비하게 하시고
말씀의 충만함을 주소서.
복음을 전하지 않으면 나에게 화가 임할 것이라는
바울의 안타까움을 갖게 하시고
살아가는 생활 속에서
그리스도의 향기를 전하는 사람이 되게 하소서.

세상에서 가장 소중한 선물은 복음을 전하는 일입니다.
이것을 인생의 소명으로 알고 살게 하시고
복음을 전하는 발과 입이 되게 하소서.
말로만 전하지 않고 행동과 인격으로 복음을 전하게 하소서.
복음을 전할 때 능력을 더하시어
놀라운 구원의 역사가 일어나게 하소서.
예수님의 이름으로 기도합니다. 아멘.

섬기는 즐거움을 주소서

섬기기 위해 오신 주님!
사랑하는 남편을 위해 기도합니다.

십자가에 죽으시고 모든 것을 다 바쳐서
인간을 섬기셨던 주님을 찬양합니다.
섬김을 받기보다는 섬기는 사람이 되게 하소서.
모든 것은 섬기기 위해서 존재함을 알게 하시고
물질과 시간과 열정을 이웃을 섬기는 데 사용하게 하소서.
섬기는 즐거움을 주시고
섬김 속에서 하나님 나라의 건설을 꿈꾸게 하소서.

주변에 좋은 섬김의 사람들을 주시고
그들과 함께 섬기는 삶을 살게 하소서.
지금까지 이렇게 살아온 것도
여러 사람의 섬김이 있었기에 가능한 것임을 믿습니다.

그런 은혜를 잊지 않고 더 많은 사람을 섬길 수 있도록
넓은 마음과 은혜의 마음을 갖게 하소서.
주님께 많은 사랑을 받게 하시고
그 받은 사랑으로 맡겨진 영혼들을 섬기게 하소서.

가정에서나 교회에서나 직장에서나
늘 섬기는 사람으로 칭찬받는 사람이 되게 하시고
언어와 행동에서 섬김이 몸에 배게 하소서.
섬김으로 얻는 행복이 얼마나 큰 것인 줄 알게 하시고
봉사하는 일에 앞장서게 하소서.
섬기면서 주님의 마음을 배우게 하시고
작은 자를 돌보면서 하나님의 은혜를 깨닫게 하소서.

섬길 수 없는 상황에서도 섬기게 하시고
봉사할 수 없는 바쁜 시간에도
시간을 내어 헌신하게 하소서.
눈에 보이는 섬김보다 눈에 보이지 않는
하나님이 인정하는 섬김이 되게 하소서.
예수님의 이름으로 기도합니다. 아멘.

교제를 통해서 주님을 더 알게 하소서

우리를 교제하게 하시는 주님!
사랑하는 남편을 위해 기도합니다.

인간은 혼자 살 수 없는 존재입니다.
우리는 그리스도의 몸입니다.
그리고 함께하는 이웃들은 주님의 지체들입니다.
모두가 한 형제처럼 사랑하게 하시고
이웃과 교제하는 것을 즐거워하게 하소서.
신앙의 성장도 혼자 할 수 없습니다.
함께 이웃과 나누면서 자라가고
좋은 교역자와 친구들과 신앙의 동지들을 통해서
성장함을 믿습니다.

간절히 기도하기는
좋은 교제의 사람들을 허락하시어

민음의 모범을 배우게 하시고
선진들의 십자가의 길을 따라가게 하소서.
교제 속에 함께하시는 그리스도의 사랑을 경험하게 하시고
주님 안에서 교제의 능력을 체험하게 하소서.

말씀과 기도와 봉사를 통해서
교제의 지경이 넓어지게 하시고
하나님의 역사를
함께하는 교제를 통해서 보게 하소서.

교제할 수 있는 믿음의 성도들을 주심을 감사합니다.
이들을 위해 늘 중보하는 마음으로
돕고 섬기게 하시고
지체들을 내 몸처럼 사랑할 수 있는 마음을 주소서.
교제를 통해서 주님을 더 알아가게 하시고
교제를 통해서 지체들을 더 이해하게 하소서.
교제를 통해서 그리스도의 몸 된 공동체를 사랑하게 하소서.
예수님의 이름으로 기도합니다. 아멘.

교회를 사랑하게 하소서

교회의 주인이신 주님!
사랑하는 남편을 위해 기도합니다.

남편을 교회의 한 지체로 삼아주심을 감사합니다.
교회를 내 몸처럼 사랑하게 하시고
교회를 통해서 주님을 배우게 하소서.
섬기는 교회에서 맡은 직분을 잘 감당하게 하시고
교회를 건강하게 세우는 데 쓰임 받게 하소서.
이 땅에 교회를 세우는 데
한 알의 밀알이 되게 하소서.

선진들이 피 흘려 세운 교회를 내 몸처럼 사랑하게 하시고
목사님을 비롯한 주의 종들을 잘 섬기는
남편이 되게 하소서.
교회를 섬길 때 아굴라와 같은 남편이 되게 하시고

바나바와 같은 신실한 제자가 되게 하소서.
보이지 않는 데서 하나님을 바라보면서 섬기게 하시고
늘 교회의 덕을 세우는 사람이 되게 하소서.
교회를 파괴하는 사람이 되지 않고
교회를 세우는 희생의 사람이 되게 하소서.

교회의 어려움을 잘 감당하게 하시고
묵묵하게 불평 없이 섬기게 하소서.
하나님의 교회를 이 땅에 세워나가는 데
아름답게 이바지하도록 물질과 건강의 은혜를 주소서.
교회 안에서 성도들과 좋은 교제를 갖게 하시고
교회 속에서 좋은 섬김의 본을 보이게 하소서.
많은 지체가 좋은 영향력을 받도록
주님을 닮은 제자로 삼아주소서.
예수님의 이름으로 기도합니다. 아멘.

사명과 책임을 잘 감당하게 하소서

모든 것을 창조하신 주님!
사랑하는 남편을 위해 기도합니다.

우리를 위해서
모든 것을 만들어주신 하나님을 찬양합니다.
아름다운 자연을 주시고
세상의 풍족한 물질을 주신 것을 감사합니다.
하나님이 만드신 세상을 아름답게 가꾸어 나가는
소명감을 주소서.
남편으로서 아내를 사랑하는 책임감을 주시고
그리스도인으로서 세상을 사랑하는 책임감을 주시고
직장과 일터에서 주어진 일을 잘 감당하며
모두를 행복하게 하는 사람이 되게 하소서.

축복과 자유를 얻은 만큼 책임감을 느끼게 하시고

그것에 부응하는 삶을 살도록
믿음의 훈련과 준비를 하게 하소서.
하나님이 기뻐하시고 온전하신 뜻을 잘 분별하여
생활 속에서 무엇을 행할 것인지 깨닫게 하시고
자기에게 맡겨주신 사명과 책임을 잘 감당하여
향기 나는 그리스도인으로 살게 하소서.
남에게 책임을 미루지 않고 내가 먼저 그 일에 책임을 지는
헌신 된 사람이 되게 하소서.

져야 할 책임 있으면 주저하면서
남에게 핑계를 대지 말게 하시고
당당하게 그것에 대한 책임을 지면서
하나님의 은혜를 구하는 믿음의 사람이 되게 하소서.
무엇보다도 영혼의 구원에 대한 책임감을 허락하시어
세상을 바라보면서 구원의 부담감을 가지고 살게 하시며
그 일을 잘 감당하도록 성령의 충만함을 주소서.
예수님의 이름으로 기도합니다. 아멘.

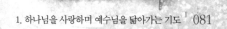

무엇이 우선순위인지 알게 하소서

모든 것의 근원이 되시는 주님!
사랑하는 남편을 위해 기도합니다.

사랑하는 사람을 주님의 뜻으로 인도하소서.
무엇보다도 모든 일을 할 때
하나님이 기뻐하시는 일이 무엇인지를
알 수 있는 영적 분별력을 주소서.
매 순간 닥쳐진 일을 하나님의 눈으로 바라보게 하시고
사람을 기쁘게 하기보다는
하나님을 기쁘게 하는 일을 하게 하소서.

모든 것의 시작이 하나님에게서 온다는 사실에 믿고
하나님의 은총을 헛되이 받지 않게 하소서.
하지만 주어진 모든 것이 하나님에게서 왔다는 사실에
감사하게 하시고 그런 믿음 속에서

닥쳐진 일과 주어진 일을 잘 처리하게 하소서.
무엇보다 하나님의 나라와 의를 구하는 일에 열정을 주시고
언제나 그 일에 충실하게 하소서.
부족한 것은 하나님이 채워주신다는 믿음을 가지고
먼저 하나님을 기쁘게 하는 데 최선을 다하게 하소서.

주님! 원하기는,
믿음 안에 굳건하게 설 수 있도록 도와주소서.
하나님의 말씀이 마음에 충만하게 거하게 하시고
그 말씀이 기초가 되어
모든 일의 우선순위를 결정하게 하소서.
"예"라고 말해야 할 때 "예"라고 말하게 하시고
"노"라고 말할 때 "노"라고 말할 수 있는 힘을 주소서.

주님 안에서 무엇이 우선순위인지를 알게 하시며
그 우선순위를 아는 대로 실천할 수 있는 능력을 주소서.
매 순간 실천하리라고 다짐하면서도
주저하는 모습이 되지 않고
결단력 있게 행동에 옮기는 힘을 주소서.
예수님의 이름으로 기도합니다. 아멘.

하늘의 영감을 주소서

영이신 주님!
사랑하는 남편을 위해 기도합니다.

세상의 모든 것은
영이신 하나님의 능력으로 창조되었습니다.
말씀도 하나님의 영감으로 기록이 되었습니다.
주님! 원하기는 남편에게도 이런 영감을 주소서.
자기의 생각대로 하기보다는
하늘의 영감을 받아 행하게 하소서.
하나님이 주시는 영적인 능력과 지혜로
세상을 살아가게 하소서.

특히 주님의 일을 감당할 때, 교회를 섬길 때
직분을 감당할 때 인간의 생각대로 하지 말고
신령한 영감을 받고 하게 하소서.

자기를 포기하고 비우는 훈련을 함으로써
성령의 감동이 매 순간 임하게 하소서.

열심히 주님과 교제하면서 하나님의 영감을 기대하게 하시고
어려운 세상을 하나님이 주신 영감으로 헤쳐나가게 하소서.
가정을 이끌어갈 때도 하나님이 주신 영감으로 행하게 하시고
직장에서 일할 때도 하나님이 주신 지혜로 잘 처리하게 하소서.
교회에서 직분을 감당할 때도 하나님의 영감에 사로잡혀
성령 충만한 모습으로 행하게 하여
많은 사람에게 은혜를 끼치게 하소서.

영감을 얻기 위해서는
말씀과 기도에 충실해야 함을 믿습니다.
매일의 삶에서 말씀을 묵상하고
기도에 충실할 수 있도록
시간과 마음과 열정을 주소서.
예수님의 이름으로 기도합니다. 아멘.

하늘의 소망을 두고 살게 하소서

소망이신 주님!
사랑하는 남편을 위해 기도합니다.

날마다 살아가는 생활이 소망이 되게 하소서.
소망 중에 살게 하시고
세상에 소망을 두기보다는
하나님의 나라에 소망을 갖게 하소서.
아무리 힘든 세상의 일일지라도 소망을 갖게 하시고
언제나 소망은 이루어짐을 믿고 살게 하소서.
이미 우리는 그리스도를 통해 영원한 소망이 있음을 믿고
어떤 경우에도 실망하지 않고
주님의 소망을 붙잡게 하소서.

사람들 앞에서 절망보다는 희망을 말하게 하시고
절망 속에 숨겨진 희망을 보게 하소서.

믿음 안에서 바라보면
어떤 절망도 희망이 될 수 있음을 믿고
어려운 순간에도 하나님을 바라보면서
꿈을 품는 은혜를 주소서.

사람들에게 희망을 전해주게 하시고
남편을 통해서 희망을 보게 하소서.
예수 그리스도만이 영원한 소망이심을 믿고
주님 안에서 희망을 품는 지혜를 주소서.
헛된 소망을 품지 않고
영원하고 가치 있는 소망에 인생을 걸게 하소서.

세상에는 절망 중에 사는 사람이 많습니다.
한 사람이라도 소망을 품게 하는 일에 헌신하게 하시고
그것을 위해 인생을 드리게 하소서.
매일의 삶에서 희망을 보는 힘을 주소서.
일곱 번 넘어질지라도
주님을 의지해서 다시 일어서는 사람이 되게 하소서.
예수님의 이름으로 기도합니다. 아멘.

하나님의 나라를 세우게 하소서

능력의 주님!
사랑하는 남편을 위해 기도합니다.

남편이 세상 나라가 아니라
하나님 나라 건설에 사용되게 하소서.
마음속에 하나님의 나라를 품고 살게 하시고
나의 나라를 세우기보다는 하나님의 나라를 세우는 것을
즐거움으로 삼고 살게 하소서.
의와 평강과 희락이 지배하는 그런 나라를 품게 하소서.
먼저 하나님의 나라와 의를 구하는 사람이 되게 하소서.
그런 사람에게 모든 것을 더해 주신다고 했습니다.

은혜와 비전이 되는 주님!
간절히 기도하기는 남편에게 이런 비전을 주소서.
가정 안에서도 하나님의 나라를 건설하게 하시고

교회 안에서도 하나님의 나라가 이루어지게 하소서.

일터에서도 하나님의 진리가 통치하는 곳이 되기를 원합니다.
인간이 주인이 되는 곳이 아닌
하나님이 주인이 되는 곳이 되게 하소서.
남편이 이런 일을 이루는 데 주인공이 되게 하소서.
하나님의 선한 도구가 되게 하소서.

하나님의 나라를 이미 마음속에
소유하고 있음을 감사하게 하시고
그 감격으로 많은 사람에게
하나님의 나라를 심어주게 하소서.
아직도 하나님의 통치를 받지 못하고
악한 세력에 이끌리는 사람들이 많습니다.
그들을 구원하여 하나님의 나라를 전파하는
사람이 되게 하소서.
예수님의 이름으로 기도합니다. 아멘.

하나님의 영광을 구하는 일이
인생의 목적이 되게 하소서

우리의 푯대가 되시는 주님!
사랑하는 남편을 위해 기도합니다.

인생의 여정에서 분명한 방향과 목적을 갖게 하소서.
세상 목적을 좇지 말고 하나님의 목적을 품게 하소서.
자기의 욕망의 목적에 이끌리지 않고
하나님의 부르신 뜻에 순종하게 하소서.
세상의 유혹과 시류에 목적이 흔들리지 않고
하나님이 기뻐하시는 일에 확신을 하고
끝까지 달려가게 하소서.

인생의 목적을 어떤 경우에도
예수 그리스도 이외 다른 것에 두지 않게 하소서.
오직 나를 구원하시고
끝까지 생명을 책임지는 예수님께 두게 하소서.

내가 정한 세속적인 영광과 부귀에 목적을 두지 말고
오직 하나님의 영광을 구하는 일에
인생의 목적이 되게 하소서.

아직도 푯대를 그리스도로 정하지 않았다면
지금이라도 인생의 푯대를 그리스도로 정하게 하시고
그분이 원하시는 일이 인생의 목적이 되게 하소서.
나의 의를 이루는 것이 아닌
하나님의 의를 이루는 것이 되게 하시고
나의 이름이 아닌 하나님의 이름이 나타내는 삶이 되게 하소서.
나는 쇠하여야 하겠고 그는 흥해야 하리라는
요한의 고백처럼 나를 통하여 주님의 이름만 존귀하게 되는 데
인생의 초점을 두게 하소서.

이런 목적 때문에 고난과 어려움이 닥칠지라도
기꺼이 감사와 은혜로 받아들이면서
주님이 부르신 부름의 상을 좇아가게 하소서.
우리의 죄를 사하기 위해 죽으신 주님을 본받아
세상을 그리스도의 사랑으로 섬기는 일이
유일한 목적이 되게 하소서.
예수님의 이름으로 기도합니다. 아멘.

P·a·r·t·2

:
:

거룩한 영성과
따뜻한 감정을
위한 기도

주님의 사랑을 닮게 하소서

은혜의 주님!
사랑하는 남편을 위해 기도합니다.

자기 몸을 바쳐 우리에게 사랑을 주신 주님을 찬양합니다.
사랑하는 남편이 주님의 사랑을 닮게 하소서.
인간적인 사랑에 머물지 않고
하나님의 사랑을 배우게 하소서.
하나님의 사랑을 얻기 위해서 무엇보다도 먼저,
하나님 앞에서 자기를 포기하는 믿음을 주시고
주님의 사랑을 체험하여
받은 사랑으로 세상을 사랑하게 하소서.

사랑하되 끝까지 사랑하며
변하지 않는 신실한 사랑을 하게 하소서.
받기보다는 주는 사랑을 하게 하시고

이해받기보다는 이해하는 사랑을 주시고
대가 없이 거저 주는 사랑을 체험하게 하소서.
날이 갈수록 남편의 얼굴이 사랑으로 가득하게 하시고
사람을 대하든지 무엇을 하든지
사랑의 마음으로 하게 하소서.

말씀을 읽을 때도 주님을 사랑하는 마음으로 하고
교회 봉사를 할 때도
주님을 사랑하는 마음으로 충성되게 하소서.
사람과 만날 때도 사랑의 마음이 가득 풍겨 나오게 하시고
그 사랑으로 미움의 세상을 덮게 하소서.
그 사랑으로 죄 은 자를 용서하게 하소서.
서로 만날 때마다 주님의 사랑이 풍성하게 하시고
깊은 사랑을 느끼게 하소서.
주님의 은혜를 허락하시어
이 세상에 가장 큰 것이 사랑임을 확신하게 하소서.
남은 생애를 오직 주님을 사랑하고 이웃을 사랑하는 일에
모든 것을 바치도록 도와주소서.
예수님의 이름으로 기도합니다. 아멘.

주님의 마음을 품게 하소서

사람의 마음을 창조하신 하나님!
사랑하는 남편을 위해 기도합니다.

우리 마음에 선한 것으로 가득하게 하소서.
다른 악한 것이 들어오지 않도록
주의 말씀으로 늘 채워주시고
마음이 감정이나 주위 환경에 휩싸이지 않고
진리 되신 말씀에 뿌리를 두게 하소서.
하루에도 수없이 변하는
불안전한 사람의 마음을 의지하지 않고
변하지 않는 하나님의 마음에 소망을 두게 하소서.

사람을 의지하는 마음에서
하나님을 의지하는 마음으로 변하게 하시고
물질을 사랑하는 마음에서

하나님을 사랑하는 마음으로 전환하게 하소서.
마음의 평안을 세상으로 얻으려 하지 말고
주님을 신뢰함으로 얻게 하소서.
헛된 세상의 영광에 우리의 마음을 빼앗기지 않고
하늘의 영원한 소망에 우리의 마음을 두게 하소서.

서로 교제할 때도 상대방의 마음에 관심을 두기보다는
주님의 마음에 관심을 두고
주님의 마음으로 상대방을 바라보게 하소서.
어쩌다 마음이 상하고 우울할 때에도
주님께 마음을 맞추게 하시고
평상시에도 그리스도의 마음을 품는 훈련을 하게 하소서.
악한 마음이 자리 잡지 않도록
성령의 생각에 나의 마음을 순종하게 하시고
하나님의 마음으로 내 마음을 가득 채우게 하소서.
예수님의 이름으로 기도합니다. 아멘.

자신을 존귀하게 여기게 하소서

사랑의 주님!
사랑하는 남편을 위해 기도합니다.

하나님이 창조하신 고귀한 자신을 사랑하게 하소서.
자신의 가치를 귀하게 여기며
하나님 앞에서 자존감을 갖고 살게 하소서.
하나님께 사랑받으며 태어난 삶을 사랑하게 하시고
주어진 인생을 하나님과 이웃을 위해 바치게 하소서.
자신을 먼저 사랑하게 하시고
자신을 존귀하게 여기는 남편이 되게 하소서.

하나님 앞에 자기의 가치를 발견하여
그것을 아름답게 성장시키고 계발하게 하소서.
자신을 사랑하는 마음으로
다른 사람도 함께 사랑하게 하소서.

하나님의 형상을 닮은 인간의 가치를 늘 생각하며
하나님의 형상을 회복하는 즐거움을 주소서.
자신을 소중하게 여기듯이
다른 사람도 소중하게 여기게 하시고
자신의 부족함을 강점으로 바꾸는 은혜도 주소서.

모든 것에서 완벽하게 하려 하지 말고
자기에게 주어진 은혜를 감사하게 생각하며
그것을 극대화하는 사람이 되게 하소서.
자신을 너무 비하하거나
자신을 너무 자만하게 하지 않게 하시고
늘 하나님의 은혜 속에서
사랑받은 존재로 생각하게 하소서.

어려움에 부닥쳤을 때일수록
자신의 존재가 소중하다는 생각을 하게 하시고
세상이 다 무너지는 한이 있어도
하나님께 소중한 자신임을 믿고 일어서게 하소서.
세상을 다루는 권한을 사람에게 주심을 감사하며
그 권한의 가치를 생각하며 봉사하게 하소서.
예수님의 이름으로 기도합니다. 아멘.

주님의 열정을 배우게 하소서

불같은 성령 하나님!
사랑하는 남편을 위해 기도합니다.

세상의 여러 가지 힘든 일로 인하여
나도 모르게 마음과 열정이 식을 때가 많습니다.
이럴 때마다 하나님의 열정으로
다시 새롭게 일어나도록 도와주소서.
한평생 살아가는 삶이 하나님이 주신 선물임을 알게 하시고
주어진 생을 마른 나무가 완전히 타 버리듯이
나의 인생을 그렇게 바치게 하소서.
기도하기는 쓸모없는 세상에 열정을 내지 말고
영원한 하나님을 향하여 열정을 품게 하소서.
잠시 있다가 사라질 안개 같은 인생을 위해 삶을 불태우지 말고
영원히 함께하는 하나님의 일에 인생을 바치게 하소서.
미지근한 삶을 살지 말고 열정을 가지고

온전히 주님께 헌신하는 사람이 되게 하소서.
사랑하되 열정을 가지고 사랑하게 하시고
무엇보다도 주님의 마음을 가지고 사랑하게 하시고
인간의 정욕적인 사랑에 빠지지 않게 하소서.

세상 연인들이 사랑하는 열정을 품지 말고
예수님이 하나님 아버지를 생각하는 그런 마음을 품게 하소서.
바울이 주님을 사랑하는 것처럼 우리도 미지근한 사랑이 아닌
불붙는 것 같아 견딜 수 없는 뜨거운 사랑을 하게 하소서.
세상의 수많은 열정을 배우기보다는
성경에 나오는 하나님 사람들의 열정을 배우게 하소서.
오직 하나님만을 사랑하라고 외쳤던 선지자들의 열정을
품게 하시고 남은 생애를 아낌없이 바치면서
오직 그리스도만 전하다가 죽어간 사도들의 열정을 배우게 하소서.
나의 의지적인 열정이 되지 않게 하시고
하나님이 주신 열정으로
사랑하는 사람을 위해 몸 바쳐 헌신하게 하소서.
예수님의 이름으로 기도합니다. 아멘.

주님의 자비로 가득하게 하소서

자비로우신 주님!
사랑하는 남편을 위해 기도합니다.

우리가 이렇게 구원 받고 하나님의 자녀가 된 것은
전적으로 하나님의 자비에 의해서임을 믿습니다.
죄를 지은 우리를 불쌍히 여기어
하나님은 우리를 위해 구원자 예수님을 보내시고
우리를 구원해 주셨습니다.
전적인 은혜로 우리를 구원하신 하나님께 감사드립니다.

주님의 자비로 구원받은 남편에게
주님의 자비로 가득하게 하소서.
주님의 자비의 마음을 배우게 하시고
그 자비로움으로 세상에서 살게 하소서.
무자비하고 강퍅한 마음을 품게 마시고

누구에게든지 자비를 베푸는 사람이 되게 하소서.
사마리아 사람처럼 대상과 감정과 상관없이
자비를 베풀게 하시고 조건 없이 사랑을 나누게 하소서.

행함보다는 먼저 하나님의 자비로움을 배우게 하시고
주님의 성품을 닮아가게 하소서.
사람을 대할 때 주님의 자비로움으로 대하게 하시고
많은 불쌍한 사람들이 남편을 통하여 구원을 받게 하소서.
드러나는 잘못을 정죄하기보다는
뜻대로 안 되는 인간의 연약함을 위해 기도하게 하시고
자비로움을 통하여 사람을 변화시키는 데 초점을 두게 하소서.
먼저 자신이 얼마나 주님의 자비로움을 받았는지

알게 하시고 그 자비로움으로
세상 속에서 그리스도의 향기를 드러나게 하소서.
그리하여 이 세상이 자비로운 세상이 되게 하소서.
예수님의 이름으로 기도합니다. 아멘.

선과 악을 분별하는 능력을 주소서

지혜의 주님!
사랑하는 남편을 위해 기도합니다.

세상에는 혼탁하고 악한 것들이 많습니다.
자기도 모르게 죄악에 빠져
죄가 죄인 줄 모르고 사는 사람이 많습니다.
그런 속에서 남편을 지켜주심을 감사합니다.
오늘도 세상의 악한 모습 속에 나가서 활동할 때
죄악에 물들지 않게 하소서.
이것을 위해서는 분별력을 갖는 것이 중요한데
사랑하는 남편에게 매일의 삶 속에서
선과 악을 분별하는 능력을 주소서.
무엇이 선이고 무엇이 악인지를 잘 알게 하시고
그 분별력을 가지고 올바른 선택을 하게 하소서.

사탄은 쉬지 않고 악한 길로 이끌려 하는 것임을

알게 하시고 그 유혹에 빠지지 않도록 도와주소서.

주의 말씀만이 세상을 이기는 힘의 원천임을 믿습니다.

거짓되고 악한 것을 구별할 수 있는 것은 진리밖에 없습니다.

남편에게 진리의 말씀에 충실하게 하시고

늘 그 말씀을 마음에 새기게 하소서.

보이는 것을 통해 보이지 않는 세계를 보게 하시고

드러난 것을 통해 드러나지 않는 속셈을 알아차리게 하소서.

하나님의 눈을 갖게 하시어 어떤 속임수에도 빠지지 않게 하소서.

좋은 분별력을 가진 친구들과 이웃들을 사귀게 하시고

그들을 통하여 분별력을 배우게 하소서.

분별력으로 다른 사람들을 구하는 일에도 사용하게 하소서.

죄악에 머무는 사람들을 바르게 인도하는 역할을 하게 하시고

오만한 자리에 앉는 사람들을 부끄럽게 하는 능력을 주소서.

좋은 분별력을 위해 쉬지 않고 기도하며

하나님께 간구하는 남편이 되게 하소서.

자기의 눈으로 보는 것이 아닌

늘 하나님의 마음과 눈을 갖고 세상을 바라보게 하소서.

예수님의 이름으로 기도합니다. 아멘.

따스한 감정을 갖게 하소서

지정의 인격을 가지신 주님!
사랑하는 남편을 위해 기도합니다.

우리의 마음을 가장 잘 아시고 내 안에 있는 작은 감정까지
세밀하게 읽고 계시는 주님을 찬양합니다.
무엇보다도 이런 주님을
내 마음에 모실 수 있다는 것에 감사를 드립니다.
나의 감정을 잘 아시듯 남편의 마음과 감정도 잘 아실 줄 믿습니다.
기도하기는 남편에게 감정이 무디지 않게 하시고
작은 것에도 감동하는 마음을 주소서.
모든 것을 분석적이고 이성적으로 볼 수 있는 마음을 주시되
아울러 포근한 감정으로 사람을 대하는 능력도 함께 주소서.

무엇보다도 감정을 잘 다스리게 하시고
따스한 감정을 잃어버리지 않으면서

감정에 너무 지배당하지 않게 하소서.
지정의가 균형 있게 작용하여 온전한 사람으로 성장하게 하소서.
여자를 대할 때 여자의 감정적인 부분을
잘 이해할 수 있는 마음을 주시고 자기 처지에서만 바라보지 않고
다른 사람의 입장과 마음을 헤아리게 하소서.

감정에 너무 격하여 이성을 잃어버리는 일이 없도록 하시고
모든 것을 소중하게 볼 수 있는 마음을 주소서.
감정을 자기의 편견에 지배당하지 않게 하시고
오직 성령의 지배 속에 모든 감정을 잘 절제하도록 도우소서.
하늘 같은 마음을 주시어
하찮은 일에 시간을 허비하지 않게 하시고
아무리 어려운 일이 닥쳐도
흔들리지 않는 반석 같은 마음을 주옵소서.
마음을 변하는 상황에 두지 말고
주님을 믿는 믿음에 기초를 두게 하소서.
예수님의 이름으로 기도합니다. 아멘.

축복의 언어를 주소서

말씀으로 세상을 창조하신 하나님!
사랑하는 남편을 위해 기도합니다.

오늘도 말씀으로 모든 것이 성취됨을 믿고
그 이름을 찬양합니다.
언어를 말할 수 있게 하심을 감사합니다.
말하고 싶어도 말할 수 없는 사람들이 많은데
자유롭게 말할 수 있는 것이
얼마나 고맙고 감사한 은혜입니까!
혀와 입술을 주신 특별한 은혜를 감사하게 하소서.

무엇보다도 주신 혀를 잘 사용하도록 인도하소서.
상대방에게 상처를 주는 말을 하지 않게 하시고
상대방에게 위로와 격려해주는 말을 하게 하소서.
원망하는 언어를 제거하게 하시고

참고 인내하는 은혜의 말이 되게 하소서.
사랑하는 사람에게 부정적인 말을 하기보다는 긍정적이며
하나님의 축복을 빌어주는 언어를 사용하게 하소서.

혹시라도 인격을 무시하고
저주하는 언어를 사용하지 않도록
남편의 마음을 선한 것으로 채워주소서.
마음에 쌓는 대로 입으로 나온다고 했으니
마음에 거룩한 것으로 채우게 하시고
좋은 생각과 아름다운 마음을 품게 하소서.

언어를 통하여 공동체를 세우고
서로의 관계를 올바르게 세우는 삶을 허락하소서.
나의 언어를 통하여 주위의 사람들이
희망과 격려를 얻게 하옵소서.
예수님의 이름으로 기도합니다. 아멘.

좋은 태도를 품게 하시고

사랑의 주님!
사랑하는 남편을 위해 기도합니다.

하나님은 우리의 외모를 보시는 것이 아니라
중심을 보시는 분임을 잘 압니다.
인간은 실수를 잘하는 연약한 존재임을 주님은 아십니다.
질그릇과 같이 연약한 존재요,
조그마한 일에도 쉽게 무너지고 넘어지는 부족한 인간입니다.
그런 가운데서도 늘 마음과 중심을 든든히 하게 하시고
하나님을 향하게 하소서.

외적인 체면보다는 내적인 중심을 바르게 하도록 도와주소서.
무슨 일을 하든지 좋은 태도를 품게 하시고
긍정적인 자세로 세상을 바라보게 하소서.
사람을 대할 때도 허물보다는 좋은 점을 보게 하시고

약한 것보다는 강한 것을 찾아 칭찬하게 하소서.
감사함으로 받으면 버릴 것이 없다고 하셨는데
하나님의 눈으로 세상을 바라보면서
늘 할 수 있다는 가능성을 바라보고 도전하게 하소서.

심지를 하나님께 깊게 뿌리를 박게 하시고
어떤 풍파가 닥쳐도 흔들리지 않고 꿈을 포기하지 않게 하소서.
믿음의 마음을 주시어 모든 것을 믿음의 눈으로 보게 하소서.
불가능 속에서 가능을 바라보게 하시고
실패 속에서 성공을 바라보게 하소서.
약함 속에서 강함을 보게 하시고 느림 속에서 빠름을 보게 하소서.
평소에 바른 마음을 갖도록 훈련하게 하시고
마음의 상처에 사로잡히지 않도록 아픈 마음을 치유하소서.
말씀을 통하여 선한 태도를 훈련하게 하시고
모든 사람을 주님을 대하듯 대하는 자세와 태도를 허락하소서.
예수님의 이름으로 기도합니다. 아멘.

주님의 겸손을 배우게 하소서

사랑의 주님!
사랑하는 남편을 위해 기도합니다.

하늘 높은 보좌를 버리시고
낮고 천한 세상에 오셔서
인간의 몸을 입으신 주님을 찬양합니다.
자기를 비워 종의 형체를 가지신
겸손의 본을 친히 보이신 주님을 기억합니다.

우리 안에는 겸손이 없습니다.
주님의 모습을 통해 겸손을 배우게 하시고
남을 나보다 낫게 보는 눈을 주시고
다른 사람의 소중한 가치를 보게 하소서.
겸손을 위해서는 사람을 바라보는 눈이
새롭게 열려야 하는 줄 믿사오니

하나님의 시야를 남편에게 허락하소서.
이웃을 사랑하는 마음과 교회를 아끼는 마음을 주소서.

모든 것이 하나님에게서 왔음을 믿고
늘 감사하며 은혜를 기억하며 살게 하소서.
덤으로 주신 인생임을 생각하고
만나는 사람을 통해서
자신에게 주신 소명을 발견하게 하소서.

하나님을 두려워할 때 겸손이 생김을 알게 하시고
어디서나 보이지 않는 하나님의 임재를 느끼게 하소서.
하나님이 사랑하시고
하나님이 아끼시는 사람을
남편에게도 그들을 아끼며 귀하게 보는 영안을 주소서.
어린아이와 같은 마음을 주시고
청결한 양심을 갖게 하소서.
예수님의 이름으로 기도합니다. 아멘.

늘 용기를 얻게 하소서

사랑의 주님!
사랑하는 남편을 위해 기도합니다.

세상을 살아가는 것이 쉽지 않습니다.
죄악이 많은 세상은 우리를 힘들게 하는 것이 너무나 많습니다.
좌절할 이유가 많고 그런 환경 속에서
많은 아픔을 갖고 살아가는 인간 세상입니다.
그러나 하나님을 믿는 믿음 속에서 늘 용기를 갖게 하소서.
"두려워 말라. 놀라지 말라. 내가 너와 함께하리라"는
말씀을 마음에 새기고 하나님의 말씀으로 늘 힘을 얻게 하소서.
날마다 용기를 주시는 하나님을 바라보게 하시고
주님의 음성에 귀를 기울이게 하소서.

약하게 하고 부정적으로 비난하는 소리에
귀를 기울이지 말고 소망과 희망의 소리에 귀를 기울이게 하소서.

눈에 보이는 대로 판단하여 넘어지게 하는 소리를 조심하고
보이지 않는 깊은 것을 통달하는 은혜를 주소서.
담대한 믿음을 가지고 늘 용기를 얻게 하시고
다른 사람에게도 용기를 전해주는 사람이 되게 하소서.
남편을 통하여 주변의 사람들이 용기와 힘을 얻게 하시고
새로운 삶의 가치를 발견해주는 사람으로 만들어주소서.

혹시라도 이웃 사람을 좌절하게 하고 포기하게 만드는
행동과 언어를 조심하게 하시고
희망과 용기를 주는 모습으로 살아가게 하소서.
진정한 용기는 자기의 만용이 아니라
하나님에게서 오는 은혜로 인한 용기임을 알게 하시고
위로부터 오는 힘으로 용기를 갖게 하소서.
능력의 근원이신 주님을 늘 의지하며
그분의 음성과 뜻을 순종하게 하소서.
예수님의 이름으로 기도합니다. 아멘.

인내와 끈기를 주소서

오래 참으시는 주님!
사랑하는 남편을 위해 기도합니다.

하나님이 주신 비전을 발견하여
그것을 끝까지 이루는 끈기를 주소서.
믿음의 인물들은 한결같이
오랫동안 인내하는 끈기를 가지고 있었습니다.
아브라함은 약속을 받기까지 25년이나 인내하며 기다렸습니다.
모세는 80년을 기다리며 하나님께 부름을 받았습니다.
사랑하는 남편에게도 이런 인내력을 주소서.
인내력을 키우기 위해서 분명한 비전과 목표를 갖게 하소서.
비전을 부여잡고 달려가게 하시고 비전을 이루기 위해
어떤 어려움도 극복하며 인내하게 하소서.

이런 인내력을 통하여

다른 생활에서도 인내하며 끈기를 가지고 도전하게 하소서.

점점 참지 못하고 쉽게 포기하는 약한 시대가 되고 있습니다.

우리를 무력하게 만드는 요인이 많습니다.

기도하기는 이런 상황에서도 참고 인내하면서

끝까지 참는 은혜를 주소서.

무엇이든지 끝까지 포기하지 않고 기다리면

좋은 것이 임할 줄 믿습니다.

하나님은 기다리는 자에게 좋은 것을 주시는 분입니다.

당장 눈앞에 보이지 않는다고 해도 그것으로 인해

쉽게 포기하거나 그만두지 않고 해결책을 찾게 하소서.

하나님께 지혜를 구하면

틀림없이 필요한 지혜를 주실 줄 믿습니다.

조급하게 하는 사탄의 전략을 잘 이해하며

길게 보면서 끈기를 갖고

한 걸음 한 걸음씩 목표를 향해 다가가게 하소서.

끈기를 가지면서 기다리는 가운데 믿음이 자라게 하시고

그 속에서 인격의 열매가 맺히게 됨을 깨닫게 하소서.

끈기를 통해 주시는 더 많은 은혜를 경험하게 하소서.

예수님의 이름으로 기도합니다. 아멘.

기다리는 믿음을 주소서

사랑의 주님!
사랑하는 남편을 위해 기도합니다.

그리스도인의 삶은 기다리는 믿음입니다.
아직 더 좋은 것은 오지 않았습니다.
정말 좋은 것은 맨 마지막에 오는 것임을 믿게 하시고
기다리는 믿음을 주소서.
믿음은 기다리는 데서 크게 되는 줄 알게 하시고
주님을 기다리는 심정으로 주님의 은혜를 바라보게 하소서.
약속을 믿고 주님을 기다렸던 시므온과 안나가
결국 주님을 만나게 되었듯이 오늘 사랑하는 남편도
약속과 꿈을 바라보면서 기다리게 하소서.
기다리되 최선을 다하면서 주님의 은혜를 바라보게 하시고
모든 하나님의 역사는 내 때가 아닌
하나님의 때에 이루어짐을 믿게 하소서.

기다리는 법을 배우게 하시고

그 속에서 하나님의 영광을 체험하게 하소서.

쉽게 얻는 것일수록 몸에 해롭게 되는 것임을 알고

모든 것을 눈물과 땀을 통한 기다림으로 얻는 결과가 되게 하소서.

기다리는 것은 정상적인 과정을 거치는

단계임을 알게 하시고 기다림에 지치지 않게 하소서.

위대한 것일수록 더 많은 기다림이 필요한 것임을 알게 하시고

그것을 오히려 기대함으로 기다리는 믿음을 주소서.

우리의 최종적인 기다림은 주님이 다시 오시는 재림입니다.

그날이 오면 모든 것이 온전하게 되고

우리의 선한 수고가 헛되지 않음을 알게 될 것입니다.

늘 재림을 기다리면서 살아가게 하소서.

사랑하는 남편에게

조급해하지 않고 약속한 것을 기다리게 하소서.

내가 억지로 만든 것을 얻으려 하지 말고

주님이 준비하신 선물을 받게 하소서.

예수님의 이름으로 기도합니다. 아멘.

기뻐하는 자와 함께 기뻐하게 하소서

기쁨의 주님!
사랑하는 남편을 위해 기도합니다.

우리의 복음의 주님을 찬양합니다.
주님은 우리의 기쁜 소식입니다.
주님을 믿음으로 우리는 기쁨의 삶을 살게 되었습니다.
기도하기는 사랑하는 남편에게 이러한 구원의 기쁨을
잃어버리지 않고 늘 간직하게 하소서.
일시적인 기쁨이 아닌
영원한 기쁨을 주심을 감사하게 하시고
주님이 주시는 영원한 기쁨으로 늘 충만하게 하소서.

항상 기뻐하게 하시고
주어진 일 속에서 늘 희망을 보게 하소서.
기쁨의 근원이신 주님이 내 안에 있음으로

우리가 기뻐하게 된 존재임을 알게 하소서.

항상 얼굴에 기쁨으로 충만하게 하시고

사람을 대할 때도 기쁨의 모습으로 대하게 하소서.

즐거움 속에서만 기뻐하지 말고 슬픔 속에서도 기뻐하게 하소서.

기뻐하는 자와 함께 기뻐하고 그 기쁨에 동참하게 하소서.

가장 좋은 기쁨은 예수님을 믿는 기쁨임을 알게 하시어

늘 주님 안에 거하게 하시고

아직 기쁨을 알지 못하는 사람에게 기쁨을 전하게 하소서.

세상에는 기뻐하지 못하는 사람들이 많습니다.

그들에게도 기쁨을 주시고

남편을 통하여 그들에게도 전달되게 하소서.

남편이 가는 곳곳마다 기쁨이 넘치는 삶이 되게 하시고

어디서든지 천국의 기쁨을 누리게 하소서.

누구도 빼앗을 수 없는 기쁨을 갖게 하시고

설사 죽음의 슬픔이 온다고 하더라도 기쁨으로 대하게 하소서.

환란 중에도 기뻐하고

고난 중에서도 즐거워하는 능력의 사람이 되게 하소서.

예수님의 이름으로 기도합니다. 아멘.

친절하게 배려하는 마음을 주소서

은혜의 주님!
사랑하는 남편을 위해 기도합니다.

우리를 하나님의 자녀로 삼아주심을 감사합니다.
하나님이 만드신 세상 속에서
하나님의 대리자로 특권을 주신 것을 감사합니다.
사랑하는 남편에게 다른 사람을 사랑하고
친절하게 배려하는 마음을 주소서.
하나님의 자녀로서 사람들을 바라보게 하시고
주님의 마음으로 그들을 배려하는 마음을 주소서.

자기보다 남을 낮게 여기고
자기에게 주어진 특권으로 다른 사람을 많이 섬기게 하소서.
늘 겸손하게 하시고
사람들을 대할 때 무례히 행하지 않게 하소서.

작은 것이라도 다른 사람을
배려하는 마음으로 하게 하시고
나 중심이 아닌 다른 사람 중심으로 살게 하소서.
이기적이고 독선적인 마음이 들어오지 못하도록
성령님이 도우시고 늘 감찰하여 주소서.

이웃의 사정을 잘 헤아리는 마음을 주시고
사람의 겉모습뿐만 아니라 속마음까지 바라보게 하여
상처 주거나 마음 상하는 행동을 하지 않게 하소서.
다른 사람을 배려하는 마음을 갖게 하시어
남편을 통하여 많은 사람이 행복한 삶을 살게 하시고
용기와 힘을 얻게 하소서.
하나님이 인간의 마음을 늘 배려하듯이
우리도 주변 사람의 마음을 늘 헤아리며
그들을 사랑하는 마음으로 대하게 하소서.
내 몸처럼 그들을 배려하게 도와주소서.
예수님의 이름으로 기도합니다. 아멘.

잘 경청하는 사람이 되게 하소서

응답해주시는 주님!
사랑하는 남편을 위해 기도합니다.

사람의 말에 늘 경청하는 마음을 주소서.
다른 사람의 말을 무시하지 않고
그들의 상황을 이해하게 하소서.
단순히 단어로만 말을 듣지 않게 하시고
그 속에 담긴 마음마저 보면서 말을 듣게 하소서.
내가 많은 말을 하기보다는 다른 사람의 말을 들어주는
여유를 주시고 그 속에서 행복과 사랑을 발견하게 하소서.

기도하기는 배우는 마음으로 다른 사람의 말을 경청하게 하시고
어린아이의 말까지도 잘 듣는 사람이 되게 하소서.
무엇보다도 하나님의 말씀을
잘 경청하는 사람이 되기를 기도합니다.

들을 수 있는 귀를 주시고, 깨달을 수 있는 마음을 주소서.

귀로만 듣는 것이 아니고 마음으로도 듣는 것임을 알게 하시어

사람의 말을 들을 때는 남을 존경하는 마음으로 듣게 하소서.

평소에 사람을 귀하게 여기는 마음을 주시고

주변 사람의 고언과 조언을 잘 귀담아듣고

소화하도록 도와주소서.

달콤한 소리만 듣지 않게 하시고

쓴소리도 온유한 마음으로 받아들이게 하소서.

누가 말을 할 때는 집중하여 상대방을 응시하면서 듣게 하시고

그 말에 반응을 보이는 지혜도 주소서.

듣는 귀가 발달해야 말할 수 있는 능력이 생김을 믿고

좋은 말씀을 많이 듣고

주변의 이야기에 경청하는 넓은 마음을 주소서.

예수님의 이름으로 기도합니다. 아멘.

화를 내지 않게 하소서

자비로운 주님!
사랑하는 남편을 위해 기도합니다.

사람은 죄인입니다.
언제 어디서 사람의 악한 본성이 나올지 아무도 모릅니다.
자기의 감정이 상하거나 인격적인 모독을 경험할 때도
남편에게 절제의 힘을 주시어 화를 내지 않게 하소서.
분노를 잘 다스리게 하시고
어떤 경우에도 화를 발설하지 않게 하소서.
교만한 사람에게 나오는 것이 화임을 알게 하시고
다른 사람을 늘 섬기며 존경하는 마음을 주소서.

내 생각대로 판단하지 않게 하시고
내 경험대로 보지 말게 하소서.
화가 나는 상황에서도 자신을 돌아보면서

자기의 악함을 보게 하시고 자비의 마음을 주소서.

화를 내면서 자기 스스로 악에 지배당하여

더 큰 죄를 범하지 않게 하소서.

화를 잘 다스릴 수 있도록 말씀으로 마음을 지배하게 하소서.

화는 더 큰 화를 불러옴을 알게 하시고

화가 날 때는 주님의 모습을 그리며 참게 하소서.

화가 날 때는 참되, 분노함을 가지고 참지 않게 하시고

주님께 맡기고 상대방을 불쌍히 여기는 마음을 주소서.

나의 죄악 된 상황을 보시면서도 주님은 화를 참으시고

인내하시는 것을 본받아

다른 사람에게 화내는 일이 없도록 도우소서.

내 생각이 잘못될 수 있음을 늘 생각하게 하시고

시간이 지나면서 진실이 밝혀짐을 믿게 하소서.

화를 이기지 못하여 가인이 죄를 범한 것을 생각하며

그런 행동이 반복되지 않도록 도와주소서.

예수님의 이름으로 기도합니다. 아멘.

덕을 세우게 하소서

사랑의 주님!
사랑하는 남편을 위해 기도합니다.

모든 것이 가하나 가한 것이 아님을 압니다.
세상의 모든 것은 하나님의 눈에서 바라볼 때
해결될 수 있음을 믿습니다.
남편에게 부분적인 눈에 매이지 않게 하시고
늘 전체적인 시야를 갖게 하소서.
인간의 측면에서만 바라보지 않게 하시고
하나님의 측면에서 모든 것을 바라보게 하소서.

나의 측면에서만 바라보지 말고
다른 사람의 측면에서도 바라보게 하소서.
나에게만 이익이 있다고 일을 진행하게 하지 마시고
다른 사람에게 피해가 있는 것은 아닌지 살피게 하소서.

아무리 좋은 일이라도

나 혼자만 좋은 것은 좋은 것이 아님을 알게 하시고

함께 좋은 일을 찾아 실천하게 하소서.

덕망 많은 사람이 되게 하소서.

그래서 많은 사람에게 존경을 받고 따르는 은혜를 주소서.

다른 사람을 배려하고 작은 자의 아픔과

소외된 자의 사정을 헤아리는 마음을 주소서.

덕을 세우는 일에 쓰임 받게 하소서.

교회에서나 직장에서나 사회에서

전체를 바라보며 일을 판단하고 진행하게 하소서.

가능한 많은 사람이 유익하게 하는 방향으로

일을 계획하는 지혜를 주소서.

덕을 세우는 리더십을 주시어

공동체의 유익에 이바지하게 하소서.

예수님의 이름으로 기도합니다. 아멘.

부드러움을 갖게 하소서

사랑의 주님!
사랑하는 남편을 위해 기도합니다.

부드러움을 갖게 하소서.
강할 때는 강함을 주시되
부드러워야 할 때는 부드러움을 주소서.
악기를 연주하듯이 인생을 잘 다듬으면서 살게 하시고
다른 사람을 대할 때는 부드럽게 대하는 마음을 주소서.
특히 자녀와 여자들을 대할 때는
강함보다는 부드러움이 필요하오니
그런 은혜를 충만하게 하소서.

연약한 자에게는
자애로운 마음과 부드러운 태도로 대하게 하소서.
부드러운 음성과 겸손한 마음을 주시고

그것으로 많은 사람을 감싸는 능력을 갖추게 하소서.
치유 받아야 할 사람을 치유하게 하시고
사랑을 받아야 할 사람에게 사랑을 베풀게 하소서.
강압적이고 지시적인 행동보다는
자발적이고 도움을 주는 부드러운 태도를 보이게 하소서.

강함을 이기는 것은 부드러움인 것을 알게 하시고
두 가지를 골고루 갖추게 하소서.
사람을 대할 때나 말을 할 때
강하게 하기보다는 부드럽게 하는 여유를 주시고
상대방을 이해하면서
그들의 마음에 편안하게 대하게 하소서.
어려움을 당한 사람에게는
부드러움으로 감싸주는 마음을 주시고
남편의 부드러운 힘으로 많은 사람이 새롭게 용기를 얻고
인생을 시작하는 축복의 통로가 되게 하소서.
예수님의 이름으로 기도합니다. 아멘.

이해의 마음을 주소서

사랑의 주님!
사랑하는 남편을 위해 기도합니다.

다른 사람을 이해한다는 것이 쉽지 않은 것을 압니다.
그러나 많은 사람은 자신이 이해받기를 원하고
그런 마음을 갈구하고 있습니다.
이해받기보다는 이해하게 하시고
이해하되 가능한 한 넓게 이해하게 하소서.
이해하기 위해서는 그 사람의 상황에 들어가서
생각하는 습관을 갖게 하소서.

나의 처지만 바라보지 말고
다른 사람의 입장이 되어 생각하는 것이 일상화되게 하소서.
다른 사람을 이해하는 일은 거저 주어지는 것이 아닙이다.
많은 사람을 이해하기 위해서는

그들의 상황을 경험하는 것이 필요합니다.

주님이 주시는 다양한 상황을 잘 극복하게 하시고
그것을 통해 다른 사람을 이해하는 기회로 삼게 하소서.
하나님이 인간이 된 성육신의 십자가 사건을 묵상하며
주님이 인간을 이해하셨듯
남편에게 다른 사람을 이해하는 폭을 넓혀주소서.

주님은 십자가의 아픔을 통해 인간의 연약함을 체험했듯
우리도 다른 사람의 아픔에 동참함으로 이해하게 하소서.
머리로만 이해하지 않게 하시고
몸으로 이해하는 사람이 되게 하소서.
사람들이 상황이 아주 다양함을 알게 하시고
나의 눈과 경험으로 바라보려는 생각에서 벗어나
늘 상대방의 처지에서 바라보고
그것을 이해하도록 도와주소서.
예수님의 이름으로 기도합니다. 아멘.

항상 기뻐하게 하소서

기쁨을 주시는 주님!
사랑하는 남편을 위해 기도합니다.

주님은 성경을 통해 항상 기뻐하라고 말씀하셨습니다.
그러나 그것이 결코 쉽지 않습니다.
우리가 사는 상황은 기뻐할 수 없는 상황이 많습니다.
주님! 어떤 상황에서도 기뻐할 수 있는 능력을 주소서.
좋을 때만 기뻐하지 않게 하시고 슬플 때도 기뻐하게 하소서.
성공할 때만 기뻐하지 않게 하시고
실패할 때도 기뻐하게 하소서.

어쩌다 기뻐하는 것이 아닌 항상 기뻐하는 삶을 살게 하소서.
주님! 원하기는 남편에게 기뻐할 수 있는 원천을
늘 기억하게 하시고 그 속에서 기쁨을 터득하게 하소서.
비록 무화과나무에 열매가 없을지라도

주님으로 인하여 기뻐하게 하시고
감람나무에 소출이 없어도 주님으로 인하여 감사하게 하소서.
기쁨의 근원이신 주님을 묵상하며
그 속에서 주시는 은혜를 체험하게 하소서.

일시적인 기쁨과 즐거움에 사로잡히지 않게 하시고
영원한 기쁨에 충만하게 하소서.
그래서 모든 생활이 기쁨의 생활이 되게 하소서.
늘 기뻐하는 얼굴을 주시고
모든 일에 긍정적으로 대하면서 즐거운 인생이 되게 하소서.
슬픔을 가진 사람에게
기쁨을 나누어주는 사람이 되게 하소서.
평소에 마음에 기쁨을 주시어
그것이 삶에 배여 나오게 하소서.
예수님의 이름으로 기도합니다. 아멘.

친절함을 베풀게 하소서

은혜의 주님!
사랑하는 남편을 위해 기도합니다.

사람을 소중하게 생각하게 하소서.
하나님이 세상을 만드신 후에
사람을 통하여 세상을 다스리는 특권을 주셨습니다.
하나님은 지금도 사람을 통하여 세상을 통치하고 있습니다.
하나님이 사람을 인격적으로 대하듯이
남편에게도 사람들을 인격적으로 대하게 하소서.
한 사람의 소중함을 깨닫게 하시고
그들을 대할 때 예의를 갖추게 하소서.

신분이 비천하고, 나이가 어리고,
경험이 부족하다 할지라도 보이는 대로 판단하지 않고
내면에 숨어 있는 인간의 가치성을 보게 하소서.

그런 마음으로 사람을 대하며 존경하고 높이게 하소서.
겉모습으로 예의를 갖추지 않고
진심으로 예의를 갖추는 사람이 되게 하소서.
그 예의를 통하여 남편의 성품이 변화되게 하시고
사람을 사랑하는 사람으로 만들어주소서.

사람을 함부로 무시하지 않게 하시고
상대방을 높이고 존중하며 섬기는 사람이 되게 하소서.
상대방을 대할 때 나보다 나은 점을 찾아
그것을 존경하게 하시고
그것을 통해 내 인생의 시야를 높이게 하소서.
직장에서 만나는 모든 사람을 소중하게 여기면서
예의를 다하는 사람이 되게 하소서.
예수님의 이름으로 기도합니다. 아멘.

겸손하게 배우는 자세를 주소서

지혜와 지식이 충만하신 주님!
사랑하는 남편을 위해 기도합니다.

세상에는 알아야 할 것이 많이 있습니다.
그것을 위해 배우는 일이 쉽지 않지만
그 배움을 즐거운 마음으로 받아들이게 하소서.
배우는 시간을 허락하시고 배울 수 있는 물질도 주옵소서.
좋은 배움의 스승을 만나게 해주시고 좋은 기회를 주시어
배움에서 끊이지 않게 하소서.
책에서만 배우는 것이 아닌 사람에게서도 배우게 하시고
어려움 속에서도 배우게 하소서.
성공 속에서도 배우게 하시고 실패 속에서도 배우게 하소서.
모든 것이 배움인 줄 믿고 겸손하게 배우는 자세로 대하게 하소서.

어느 일정 부분만 배우지 말고

평생 배우는 사람으로 성장하게 도와주소서.

남을 나보다 낮게 여기며

그들이 가진 좋은 점을 배우게 하소서.

무엇보다도 하나님의 말씀을 배우는 데 힘쓰게 하시고

말씀을 배움으로써 삶에 생기가 넘치게 하소서.

배우는 즐거움을 주시고 행복감을 얻게 하소서.

배우는 데 잘 깨닫는 힘을 주시고

그 배움으로 교회와 이웃을 위해 봉사하는 사람으로

인생의 마지막을 보내게 하소서.

배움을 통해 인격과 지식, 지혜와 모든 것이 자라게 하소서.

배움의 노예가 되지 않게 하시고

배움을 잘 활용하는 능력을 주소서.

꼭 필요한 것을 배우게 하시고

헛된 세상의 꾀는 배우지 않게 하소서.

성령의 가르침으로 배움에 정도가 깊어지고

그것을 통하여 많은 사람에게 존경받는

남편이 되게 하소서.

예수님의 이름으로 기도합니다. 아멘.

꼭 필요한 지식을 알게 하소서

지식의 주님!
사랑하는 남편을 위해 기도합니다.

세상에는 알아야 할 지식이 많이 있습니다.
지식을 알되 꼭 필요한 지식을 알게 하시고
세상의 헛된 지식은 갖지 않게 하소서.
먼저 하나님을 아는 지식으로 충만하여
그 지식으로 세상의 지식을 습득하게 하소서.
하나님을 아는 지식으로 세상의 지식을 분별하게 하시고
세상의 지식을 통하여 하나님을 더욱더 경외하게 하소서.
무지하여 죄를 짓는 일이 없게 하시고
하나님이 만들어 놓은 세상의 내용을
잘 이해하고 지식으로 채우는 즐거움을 주소서.

지식이 부족하여 꼭 필요한 일에 뒤처지는 일이 없게 하시고

좋은 지식으로 충만하게 하여 그 충만함으로
세상을 아름답게 만드는 데 사용하게 하소서.
조금 아는 지식을 가지고
자만하거나 자랑하지 말게 하시고
조금 가진 지식으로
지식을 갖지 못한 사람을 무시하는 일이 없게 하소서.

지식을 아는 데 그치지 않고
그 지식을 활용하여 삶에 적용하는 힘을 주소서.
지식을 통하여 두뇌가 발달하되
그 두뇌가 하나님을 거역하는 두뇌가 되지 않게 늘 도와주소서.
지식 없어 힘들어하는 사람에게 내 지식으로 봉사하게 하소서.
주위에는 필요한 지식을 갖지 못해서
힘들어하는 사람이 많습니다.
그 사람들에게 하나님의 이치를 알게 하면서
삶의 즐거움과 희망을 품는 남편이 되게 하소서.
자기의 지식만 옳다고 생각하지 않게 하시고
다른 사람의 지식도 인정하여 배려하는 마음을 갖게 하소서.
예수님의 이름으로 기도합니다. 아멘.

자기에게 주신 재능을 소중하게 하소서

사랑의 주님!
사랑하는 남편을 위해 기도합니다.

하나님이 인간을 창조하셨을 때는
모두에게 재능을 주셨음을 믿습니다.
기도하기는 남편에게 있는 재능을 발견하여
그것을 가지고 하나님께 영광 돌리게 하소서.
자기에게 주신 재능을 소중하게 생각하며
그것을 계발하여 극대화하게 하소서.

없는 것을 보면서 부러워하지 않게 하시고
자기에게 있는 재능을 찾아
그것으로 인생의 승부를 걸게 하소서.
하나님이 주신 지혜로 재능을 발달시키게 하소서.
자기의 개성을 찾아 만족하는 삶에 살게 하시고

다른 사람과 비교하지 말게 하소서.

재능을 하나님의 선물로 깨달아
하나님을 위해 사용하는 은혜를 주소서.
하나님의 영광을 위하여 살고픈 갈망함을 주시고
그 목적을 위해 자기의 재능과 은사를 사용하게 하소서.
재능을 위해 시간을 투자하여 계발하는 지혜를 주시고
좋은 멘토를 만나서 도움을 얻게 하소서.

인생의 가치를 발견하고
자신의 생을 늘 감사하면서 살아가도록 도와주소서.
평생 사용할 수 있는 재능을 찾게 하시고
그 재능을 통하여 삶의 행복을 얻게 하소서.
언젠가는 재능의 봉오리가 필 그날을 바라보면서
꿈을 꾸며 살아가게 하소서.
예수님의 이름으로 기도합니다. 아멘.

취미와 여유를 가지고 살아가게 하소서

은혜의 주님!
사랑하는 남편을 위해 기도합니다.

살아가면서 일에 쫓기지 않게 하시고
취미와 여유를 가지고 살아가게 하소서.
좋은 취미를 가지고 그것을 통해 자신을 돌아보고
아름다운 생애를 만들게 하소서.
하고 싶은 것을 하게 하시되 세속적인 욕망에 이끌리지 않고
가치 있는 생명에 삶을 투자하게 하소서.

취미생활을 생활의 활력소로 사용하게 하소서.
취미는 취미로 끝나게 하시고
중독되거나 그것에 빠지는 일이 없도록 도와주소서.
더 가치 있는 일을 위해서는 언제라도
그만둘 수 있는 취미생활이 되게 하소서.

하나님보다 취미를 더 좋아하는 일이 없도록 하시고
오히려 취미를 통하여 하나님 앞으로
더 나아가는 기회가 되게 하소서.

하나님을 더욱 사랑하는 취미를 갖게 하시고
하나님을 멀리하게 만드는 취미는 갖지 않게 하소서.
먹든지 마시든지 무엇을 하든지
하나님의 영광을 위해 하게 하소서.
자기의 만족만을 구하는 이기적인 취미가 아닌
이웃과 함께하고 더불어 나누는 취미가 되게 하소서.

취미를 통하여 영혼의 맑음을 허락하시고
생활이 풍요로워지도록 도와주시고
답답하고 지칠 때 삶의 휴식이 되는 취미가 되게 하소서.
취미생활을 하고 여유로운 삶을 누리게 하시되
세상의 즐거움에 빠지는 취미를 가까이하지 않게 하소서.
말씀을 읽고 찬송하며 기도하는 신앙생활을 방해하는
취미가 되지 않게 하소서.
예수님의 이름으로 기도합니다. 아멘.

질문의 힘을 알게 하소서

믿음의 주님!
사랑하는 남편을 위해 기도합니다.

생각을 발전시키는 질문의 힘을 알게 하소서.
질문하는 능력을 통하여 새로운 사실과
내용을 잘 터득하도록 도와주소서.
이것을 위해서 보이는 것만 집착하지 않고
보이지 않는 깊은 것까지 통찰하는 마음을 주소서.
늘 의문을 품고 탐구하게 하시고 전통에 매이는 수동적 삶이 아닌
하나님의 말씀을 통해 날마다 개혁해 나가는 삶이 되게 하소서.

이것을 위해서 늘 질문하는 습관을 갖게 하시고
의문점을 가지고 문제를 대하게 하소서.
질문을 통하여 마음의 겸손함을 배우게 하소서.
질문을 통하여 문제의 본질을 바라보게 하시고

하나님이 원하시는 생각까지 들어가는 은혜를 주소서.
그리스도인의 정체성을 잃어버리지 않고
하나님의 사람으로서 삶을 가꾸게 하소서.

잘 모르는 것이 있으면 기도하므로 하나님께 묻게 하시고
하나님의 응답을 기다리는 인내심을 주소서.
하나님을 비판하거나 자기를 드러내기 위함이 아닌
주님을 더 잘 알기 위한 질문을 하게 하소서.
질문을 통하여 교육하셨던 주님을 본받아
사물에 대한 탐구심으로 본래 의미를 찾는 습관을 갖게 하소서.

질문을 통하여 구원과 믿음에 대한 깊이가 더하게 하소서.
만물에 하나님을 알만한 것이 내포되어 있음을 깨닫게 하시고
하나님께 질문하면서 하나님의 뜻을 찾아가게 하소서.
그 속에서 하나님과 세상의 관계가 깊어지게 하소서.
질문의 힘을 깨닫게 하시어
맡은 일에서 창의적인 능력을 발휘하게 하소서.
자신의 부족함을 늘 발견하면서
하나님 앞에서 자신을 질문을 통해 돌아보게 하소서.
예수님의 이름으로 기도합니다. 아멘.

보편적인 교양을 쌓게 하소서

지혜의 주님!
사랑하는 남편을 위해 기도합니다.

세상에는 인간이 살아가는 데 필요한
교양의 지식이 많습니다.
교양은 하나님의 질서임을 믿고 그것을 배격하지 않게 하소서.
꼭 알아야 할 것을 알게 하시고,
필요 없는 것에는 조금도 관심을 두지 않게 하소서.
비본질적인 것을 습득하는 데 시간을 허비하지 않게 하시고
본질적이며 하나님 나라의 건설에 필요한
내용을 습득하게 하소서.
자신만 아는 고집쟁이가 되지 않게 하시고
폭넓은 이해와 교양으로 사람들을 섬기게 하소서.

모든 사람이 알아야 할 보편적인 교양을 쌓게 하소서.

풍부한 교양으로 많은 사람을 바른길로 안내하게 하소서.
부족한 지식으로 인해 힘들어하는 사람을 도와주게 하시고
상식적인 삶과 교양 있는 사람으로서 덕망을 갖추게 하소서.
생활 속에서 교양이 있는 사람이 되게 하시고
하나님의 자녀로서 부끄럽지 않은 교양을 갖추게 하소서.
그리스도인의 향기와 빛을 발하는 사람으로서
교양을 갖게 하시고, 교양 없는 사람으로서
주변 사람에게 비난받지 않도록 하소서.

가장 기본적인 상식을 어기는 사람이 되지 않게 하시고
주변 사람들에게 칭찬받은 그런 그리스도인이 되게 하소서.
직장에서 주변 동료에게 칭찬받는 사람이 되게 하소서.
덕과 교양으로 가득하여 사람들에게 영향력을 끼치는
사람으로 세워주소서.
평소에 자신을 잘 다듬어서 하나님의 이름을 더럽히지 않는
하나님의 사람이 되게 하소서.
예수님의 이름으로 기도합니다. 아멘.

P·a·r·t·3

:
:

생기 넘치는
건강한 육체를
위한 기도

하나님이 주신 외모를 잘 가꾸게 하소서

우주 만물을 창조하신 하나님!
사랑하는 남편을 위해 기도합니다.

모든 것을 만드신 하나님을 찬양하고 그 이름을 높입니다.
어느 것 하나도 주님이 만들지 않으신 것이 없습니다.
그 모습이 얼마나 아름답고 오묘한지요.
하나님의 사랑으로 세상이 아름다운 모습을 지니게 하셨고
만물 속에 하나님의 신성이 들어 있고
하나님의 사랑이 표현되어 있음을 믿습니다.
외모 역시 하나님이 주신 것임을 믿습니다.
하나님이 주신 외모를 아름답게 잘 가꾸게 하시되
나를 드러내는 일을 위하여 사용하지 말고
주님의 선하신 뜻을 나타내는 데 사용하게 하소서.
나에게 주신 외모로 인하여 자만하거나
실족함에 빠지지 않게 하시고

오히려 주신 외모를 통하여 하나님의 영광을 드러나게 하소서.
내용이 빠진 외모에만 치중하는 어리석음을 벗어나게 하시고
마음을 드러내는 의미에서 외모를 잘 가꾸게 하소서.

세상적 외모가 아니라 복음을 드러내는 외모가 되게 하소서.
다른 사람에게 혐오감이나 피해를 주는 외모가 아니라
힘과 용기를 주는 외모가 되게 하소서.
외모를 너무 중요하게도, 하찮게도 여기지 않게 하소서.
하나님의 선한 의지에 따라
외모와 마음의 균형을 이루게 하시고
그런 모습으로 서로 아름다움을 만들어가게 하소서.
외모를 통하여 중심을 바라보는 눈을 주시고
외모를 통하여 인격을 사랑하는 마음을 주소서.
외모는 잠시 있다 사라지는 일시적인 것임을 명심하고
외모에 너무 마음을 빼앗기지 않게 하소서.
외모를 통하여 유한한 인간의 한계와
부족함을 배우게 하소서.
예수님의 이름으로 기도합니다. 아멘.

거룩한 습관을 갖게 하소서

사랑의 주님!
사랑하는 남편을 위해 기도합니다.

세상의 나쁜 습관에 사로잡히지 않게 하시고
우리에게 거룩한 좋은 습관을 허락하시어
그것을 생활화하게 하소서.
우리도 모르게 익숙해져 있던
세상의 흥미와 욕심에서 결별하게 하시고
새 사람의 성품으로 우리를 변화시켜주소서.
우리의 삶은 하나님의 거룩한 사람에 좇아가기보다는
세상의 허망한 것에 따라가는 악한 습성이 있습니다.

시시때때로 우리를 유혹하여
거듭나기 전의 습관을 생각나게 하는 것에서 멀어지도록
성령의 도우심이 임하소서.

또한 게으르고 악한 습관이 우리에게 있습니다.
편하게 살고 싶고 일시적인 만족에 마음을 두고 있는
습성에서 돌아서게 하시고
영원한 하나님의 말씀과 하나님과 기도하며
찬양하며 예배하는 습관으로
우리의 만남이 형성되게 하소서.

쉽게 다가오지 않을지라도
새 사람의 성품에 맞는 삶으로 우리를 인도하소서.
육신의 욕망과 즐거움에 빠지지 않게 하시고
그것이 우리의 습관이 되지 않게 하소서.
좋지 못한 언어의 습관과 취미와
나도 모르게 습성화된 좀처럼 벗어던지지 못하는
악하고 더러운 습관이 있으면
먼저 그것의 문제점을 알게 하시고
그것을 멀리하도록 성령의 충만함을 허락하소서.
내 힘으로는 부족하오니 오직 성령을 좇아 행하면서
자연스럽게 육체의 욕심에서 벗어나는 능력을 주옵소서.
우리를 성령에 지배받는 삶으로 인도하옵소서.
예수님의 이름으로 기도합니다. 아멘.

운동으로 몸을 잘 관리하게 하소서

능력의 주님!
사랑하는 남편을 위해 기도합니다.

몸은 하나님이 주신 거룩한 것입니다.
몸을 잘 다스리고 건강하게 하는 것은
하나님의 영광을 위한 일입니다.
몸을 혹사거나 건강하게 만들지 못하면
하나님의 나라를 위해서 사용할 수 없습니다.

주님! 원하기는
남편에게 몸을 잘 쓸 수 있는 힘을 주소서.
이것을 위해 운동을 매일 하게 하시고
운동을 통하여 몸을 잘 관리할 수 있게 하소서.
운동할 수 있는 마음을 주시되 정기적으로
이 일에 시간을 바치게 하소서.

자신을 위해서, 가정을 위해서도 운동을 하지만
궁극적으로는 하나님 나라의 건설을 위해서
건강해야 합니다.
정기적으로 운동하는 일에 시간을 바치게 하시고
즐거움으로 운동을 하게 하소서.

육신의 운동을 하면서 영적인 운동도 함께하게 하소서.
주의 복음을 전하는 데 건강한 몸이 사용되기를 원합니다.
운동하지 않는 것은 인간이 가진 게으름 때문입니다.
문제가 닥쳐서 운동하지 말고 평소에 운동하면서
건강을 준비하게 하소서.

좋은 운동의 친구를 주시고 좋은 운동의 시간을 주소서.
운동을 할 수 있는 시간의 여유와 환경도 허락하소서.
운동에 너무 지나치지 않게 하소서.
적절한 운동이 좋음을 깨달아
자연스러운 삶의 일부로써 운동이 생활화되게 하소서.
예수님의 이름으로 기도합니다. 아멘.

균형 잡힌 감각을 주소서

은혜의 주님!
사랑하는 남편을 위해 기도합니다.

인간에게 주신 감각을 잘 사용하게 하소서.
촉각, 후각, 청각, 시각, 미각의 감각을 건강하게 하시고
어느 하나 병들지 않도록 도우소서.
감각들을 사용하되 하나님 안에서 사용하게 하소서.
자기 육신의 욕망을 위하여 감각을 사용하지 말고
하나님의 영광을 위하여 감각을 사용하는 지혜를 주소서.

감각으로만 움직이는 사람이 되지 않게 하시고
주님의 말씀으로 육신의 감각을 잘 제어하고
다스리게 하소서.
과도한 감각의 활동은
오히려 해가 미칠 수 있음을 알게 하시어

균형 잡힌 모습으로 감각을 사용하게 하소서.
하나님이 주신 아름다운 감각들을 가지고
하나님의 은혜와 사랑을 깨닫는 기회가 되게 하시고
주님의 영광을 높이는 데 사용하게 하소서.

죄로 물든 육신이기에 그대로 두면
자기도 모르게 죄악으로 빠지게 됩니다.
늘 기도와 말씀으로 육신의 감각을 제어하고
그것을 적절하게 사용하는 지혜를 주소서.
보되 잘 보는 눈을 주시고
듣되 잘 듣는 귀를 주소서.
보이지 않는 것까지 볼 수 있는 눈과
들리지 않는 것을 들을 수 있는 귀를 주소서.
예수님의 이름으로 기도합니다. 아멘.

평안한 잠을 자게 하소서

은혜의 주님!
사랑하는 남편을 위해 기도합니다.

사랑하는 자에게 잠을 주신다고 했는데
하루의 삶을 마치고
평안히 잠을 잘 수 있는 은혜를 주소서.
불면에 시달리지 않게 하시고
잠을 자되 바로 잠자리에 들어서 숙면하게 하소서.
잠을 통하여 몸의 피곤을 회복하게 하시고
잠을 통하여 영혼의 평안을 얻게 하소서.

어려운 환경과 고민되는 일을 하나님께 맡기고
주신 잠을 잘 사용하여 육체의 건강을 갖게 하소서.
세상에는 잠이 오지 않아서 고민하는 사람들이 많습니다.
잠을 잘 수 있다는 것이 얼마나 큰 행복이며

하나님의 축복인 것을 생각하고
잠을 자면서 늘 감사하게 하소서.
잠을 잘 때 깊게 자게 하시고 잠을 설치지 않도록 도와주소서.
주님의 품 안에서 잠을 자는 훈련이 되게 하시고
그 잠을 통하여 하루의 삶이 생기 있게 하소서.

잠이야말로 사람이 가질 수 있는 최고의 휴식인 것을 알고
늘 감사하되 잠에 빠지는 일이 없도록 도와주소서.
잠도 너무 자면 몸에 해로우니 적당하게 잠을 자게 하소서.
언젠가는 주님 안에서 영원한 잠을 자게 될 것을 알고
하루하루의 시간을 소중하게 생각하며 살게 하소서.
가장 편안한 시간이 주님 품에 거하는 것임을 알게 하소서.
예수님의 이름으로 기도합니다. 아멘.

게으르지 않게 하소서

창조의 주님!
사랑하는 남편을 위해 기도합니다.

우리는 하나님 앞에서 청지기의 삶을 살고 있습니다.
우리 삶의 주인이 내가 아니라 하나님이심을 믿습니다.
하루의 삶을 사는 것이 주인으로서가 아닌
청지기로서 살게 하소서.
종의 자세로 주어진 일에 최선을 다하게 하소서.
살아가는 것이 힘들고 지칠 때
게으름을 피우기 쉽습니다.
이때마다 일하는 즐거움을 주시고
일을 통하여 하나님의 의를 이루는 것임을 알게 하소서.

게으름에 빠지지 않도록 하시고
주어진 일에 최선을 다하는 사람이 되게 하소서.

하나님이 주신 시간이 많지 않음을 알게 하시고
주신 시간을 잘 사용하여 열심히 노력하게 하소서.
일하기 싫어하거든 먹지도 말라고 하셨는데
자기의 양식을 위하여 열심히 일하게 하소서.

자기를 쳐서 복종하며
게으름에 빠지기 쉬운 것을 이기게 하시고
심은 만큼 거둔다는 진리를 늘 기억하게 하소서.
게으름은 악한 것임을 알게 하시고
충성된 종으로 칭찬받게 하소서.
악하고 게으른 종이라고 책망받지 않게 하시고
하나님 앞에 설 때 맡은 일에 충성한 종으로 서게 하소서.

자기에게 주어진 책임을 잘 감당하고
그 책임을 다른 사람에게 미루지 않게 하소서.
몸이 피곤하고 쉬고 싶다 해도
자기에게 주어진 일 만큼은 완수하는
열심히 살아가는 능력을 주소서.
예수님의 이름으로 기도합니다. 아멘.

성을 지혜롭게 사용하게 하소서

남성과 여성을 창조하신 하나님!
사랑하는 남편을 위해 기도합니다.

아름다운 성을 창조하시어 보시기에 심히 좋았더라고
말씀하신 하나님을 기억하여
우리도 성을 아름다운 성으로 가꾸어 나가게 하소서.
성을 하나님의 관점에서 생각하는 훈련을 하게 하소서.
그리하여 성을 추악하거나 더러운 것으로 여기지 않는
마음을 먼저 주시고 아름다운 선물로서 성을 이해하게 하소서.
이런 세계관으로 남성과 여성을 바라보며
이성을 사랑하게 하소서.

잘못된, 그리고 왜곡된 세속적인 성문화에
나도 모르게 익숙한 것에서 벗어나게 하시고
말씀을 통하여 새로운 성을 이해하게 하소서.

사랑하는 연인들의 관계를

하나님이 주신 선물로써 사용하게 하소서.

결혼을 위하지 않는 성의 사용을 금하게 하시고

욕망과 자기의 만족을 위한 성이 되지 않도록

성령의 인도함을 허락하소서.

좋은 것일수록 잘 사용하게 하시고 거룩하게 사용하게 하소서.

기다릴 줄 알고 참고 인내하는 마음과

절제하는 힘을 주옵소서.

충동적인 사랑을 하지 말고 육체적인 성에 이성을 잃어버리거나

마음이 빼앗기는 일이 없도록 도와주소서.

사랑하는 남편으로 세워짐을 하나님께 감사하게 하시고

사랑하는 아내를 주신 하나님께 찬양하게 하소서.

남편에게 아내를 대할 때

"내 뼈 중에 뼈요 내 살 중에 살이라"는 아름다운 고백으로

아내에 대해서 내 몸처럼 소중하게 생각하게 하소서.

아내를 통하여 하나님의 사랑을 깨닫는 기회가 되게 하시고

아내에 대한 사랑이 하나님과 멀어지는 순간이 되지 않게 하소서.

예수님의 이름으로 기도합니다. 아멘.

음식을 잘 섭취하게 하소서

사랑의 주님!
사랑하는 남편을 위해 기도합니다.

하나님은 우리에게 음식을 주셔서
하루하루를 살아가게 하셨습니다.
하나님은 자연을 만들어 인간에게 식물로 주심을 감사합니다.
모든 식물을 인간의 먹이로 준 것은
하나님이 얼마나 인간을 사랑하는 것임을
알려주는 좋은 증거입니다.
음식을 대하면서 늘 감사하게 하시고
내 힘으로 음식을 먹을 수 없는 것임을 깨닫게 하소서.
좋은 음식을 주신 것에 늘 감사와 찬양을 잊지 않게 하시고
기쁨과 즐거움과 감사함으로 음식을 대하게 하소서.

음식을 섭취하되 하나님의 방법대로 하게 하소서.

피 채 먹는 일이 없도록 하고
날것으로 먹기보다는 잘 익혀서 먹게 하소서.
인간의 욕망을 위해 다시 가공한 음식보다는
일차적인 자연 음식을 섭취하게 하소서.
음식을 먹되 한쪽으로 치우치지 말고
균형 있는 식단을 사용하게 하소서.
적절한 영양분이 음식을 통하여 섭취되게 하시고
잘못된 식사습관에서 벗어나게 하소서.
가령 빨리 음식을 먹는다든지
잘 씹지 않고 먹는 습관을 버리게 하소서.

먹는 음식에 너무 매이지 말고
먹든지 마시든지 무엇을 하든지
하나님의 영광을 위해서 하게 하소서.
먹는 즐거움에서 하나님의 말씀을 먹는 즐거움도
함께 배우게 하시고 마시는 즐거움에서
은혜를 받는 즐거움도 느끼게 하소서.
독성이 있는 음식이나
취하게 하거나 이성을 마비시키는 음식을 멀리하게 하소서.
예수님의 이름으로 기도합니다. 아멘.

돈을 지배하게 하소서

모든 것의 으뜸이 되시는 하나님!
사랑하는 남편을 위해 기도합니다.

우리가 사는 세상은
점차 돈과 물질이 중심이 되고 있습니다.
돈이냐 하나님이냐 양자택일의 상황에서
많은 사람이 흔들리고 있습니다.
돈을 하나님으로 섬기면서 살라고 사탄은 우리를 유혹합니다.
돈도 하나님이 주신 것임을 믿습니다.
그러나 그 돈을 하나님을 거역하는 일에 사용하면
그 순간 무서운 사탄의 도구가 됨을 알게 하소서.
돈은 사랑하는 것이 아닌 관리하는 차원임을 깨닫게 하소서.
하나님과 이웃을 사랑하되 돈은 사랑하지 않게 하소서.

생활 속에서 필요한 돈을 주시되

그것이 모든 것의 힘이 되는 일이 없도록 하소서.
서로 사랑하는 관계 속에서 돈이 주체가 되지 않게 하시고
돈을 잘 관리할 수 있는 능력을 주시어
그 돈으로 하나님을 자랑하고 하나님의 이름을 드러내게 하소서.
돈을 벌 힘을 주시되 하나님의 방법으로 돈을 벌게 하시고
거룩한 소명으로 돈을 벌게 하소서.
그리고 돈을 하나님의 뜻에 잘 사용하게 하소서.

돈을 벌기 전에 돈을 사용할 수 있는 능력과 믿음을 주시고
돈의 노예가 되지 않는 성령의 충만함을 먼저 주소서.
돈이 나를 지배하지 않게 하시고 내가 돈을 지배하게 하소서.
돈으로 사람의 가치를 매기지 말고
하나님의 형상으로서 사람의 가치를 두게 하소서.
바른 청지기의 자세를 가지고 물질을 사용하고 관리하여
돈을 통하여 하나님을 바르게 섬기는 생활이 되게 하시고
혹시 돈이 부족하다고 할지라도 돈보다도
더 소중한 하나님이 내 안에 있음을 믿고
그것으로 슬퍼하지 않고 오히려 감사하게 하소서.
예수님의 이름으로 기도합니다. 아멘.

절제를 배우게 하소서

거룩하신 하나님!
사랑하는 남편을 위해 기도합니다.

무엇을 하든지 그것이 너무 과하지 않게 하시고
무엇을 하든지 그것이 너무 모자라지 않게 하소서.
아무리 많은 것을 얻어도
그것에 절제가 사라지면 패망하게 됨을 알게 하시고
아무리 뜨거운 사랑을 한다 해도 그것에 절제가 없으면
불행한 사랑이 될 수 있음을 깨닫게 하소서.
절제는 하나님이 주신 성령의 선물로
하나님의 편에서 적정선을 유지하는 능력임을 믿게 하소서.

모든 것을 내 중심에서 바라보지 않고
하나님의 중심에서 바라보면서 절제를 배우게 하소서.
모든 것을 내 욕망에서 찾지 않고

하나님의 마음에서 적절한 은혜를 터득하게 하소서.

절제가 우리의 모든 것의 마지막임을 깨닫고

절제의 능력으로 마무리를 잘하게 하소서.

무엇인가 잘될 때 절제를 잊어버리지 않게 하시고

사랑의 열정이 타오를 때 절제를 활용하게 하소서.

절제는 스스로 할 수 없는 하나님이 주신 능력임을 알게 하시어

평소에 하나님의 은혜를 통하여 절제의 힘을 기르게 하소서.

한순간에 큰 절제가 나올 수 없는 것임을 알아

평소에 작은 일에서부터 절제를 배우며 훈련하게 하소서.

언어에서, 물질에서, 자랑에서, 사랑에서, 음식에서,

믿음에서, 일 속에서, 교제 속에서

절제의 위력을 배우게 하시고

그것을 적절하게 사용할 수 있는 힘을 주소서.

과하지도 않고 부족하지도 않은 가장 아름다운 모습으로

인생을 하나님께 드리게 하소서.

예수님의 이름으로 기도합니다. 아멘.

혀를 다스리게 하시고

자비의 주님!
사랑하는 남편을 위해 기도합니다.

사람에게 있는 혀는 작은 것이지만
잘못 사용하면 위험한 것입니다.
사탄은 우리의 혀를 사용하여 악을 행하게 하고
다른 사람의 허물을 말하며 마음의 상처를 주게 합니다.

주님! 원하기는
남편에게 늘 혀를 잘 사용할 수 있게 하소서.
혀를 사용하되 다른 사람의 유익을 위하여 사용하게 하시고
다른 사람을 죽이는 일에 사용하지 않게 하소서.
혀는 무서운 살인의 도구가 될 수 있음을 생각하고
혀를 지혜롭게 사용하도록 하소서.
말씀으로 혀를 다스리게 하시고

말씀으로 혀를 거룩하게 만들어주소서.
기도하는 혀가 되게 하시고
말씀을 전하는 혀가 되게 하소서.

말한다고 그것이 다 말이 아님을 알게 하시고
필요한 말을 하게 하소서.
말이 많으면 실수가 생기는 것임을 알게 하시고
적절한 말을 하도록 도와주소서.
자기를 드러내거나 남을 비하하는 일에
혀가 사용되지 않도록 하소서.

주님을 찬양하고
하나님의 의를 드러내는 일에 입술이 사용되고
그 입술로 용기를 잃었던 사람이 살아나고
좌절에 빠졌던 사람이
좌절에서 일어서는 능력의 혀가 되게 하소서.
혀가 나의 것이 아님을 알게 하시고
하나님의 선한 도구로써 사용되게 하소서.
예수님의 이름으로 기도합니다. 아멘.

좋은 눈을 주소서

자비의 주님!
사랑하는 남편을 위해 기도합니다.

우리에게 눈을 주신 것이 얼마나 감사한지 모릅니다.
우리는 눈을 가지고 있으면서도
눈에 관해 제대로 감사하지 못하고 사는 경우가 많습니다.
하나님이 주신 눈을 감사하게 하소서.
눈 하나만 가지고도 얼마나 행복한지를 깨닫게 하시고
그 눈을 가지고 선한 일을 하게 하소서.
부정적인 것은 보지 말게 하시고
늘 긍정적인 면을 바라보게 하소서.

하나님을 바라보는 영적인 눈까지 허락하소서.
보이는 대로 판단하지 않고 숨겨진 마음마저지 보게 하소서.
보아야 할 것을 보는 눈이 되게 하시고

보지 말아야 할 것은 보지 않게 하소서.

악한 것을 보면 악한 생각을 하게 됩니다.

부정적인 것을 보면 부정적인 것을 닮게 됩니다.

기도하기는 하나님이 주신 눈으로

하나님의 나라를 위한 삶을 살게 하시고

눈을 가지고 많은 사람에게 새 빛을 주는 역할을 하게 하소서.

더러운 것을 보지 말게 하시고 음란한 것을 보지 않게 하소서.

눈을 가지고 욕망과 탐욕에 이끌리지 않게 하시고

거룩한 모습과 주님의 형상을 그리게 하소서.

눈의 건강을 주시어 맑은 영성을 함께 소유하게 하소서.

이 세상만 바라보지 말고

영원한 하나님의 나라까지 바라보게 하소서.

예수님의 이름으로 기도합니다. 아멘.

진실한 이야기에 귀를 기울이게 하소서

은혜의 주님!
사랑하는 남편을 위해 기도합니다.

들을 수 있는 귀를 주신 것을 감사합니다.
만약 귀가 들리지 않는다면 얼마나 불편하겠습니까?
하나님이 만드신 자연의 소리를 듣고
사랑하는 사람의 이야기를 들을 수 있다는 것은
아무리 생각해도 감사할 뿐입니다.

주님! 원하기는
귀를 통하여 얻은 정보와 생각과 이야기들을 마음에 담고
많은 사람을 행복하게 하는 데 사용하게 하소서.
귀를 가지고 사람의 소리를 듣되
명확하게 듣게 하시고 실수가 없게 하소서.
헛된 이야기에 쏠리지 않게 하소서.

진실한 이야기에 귀를 기울이게 하소서.
무엇보다도 하나님의 음성을 듣는 귀를 허락하시어
매일 하나님의 음성에 순종하게 하소서.

귀의 건강을 주시어 건강한 청각을 갖게 하소서.
그리고 들을 수 있을 때
하나님의 말씀을 많이 들어 마음에 새기게 하소서.
생명의 말씀을 들으면서 마음을 정결하게 하소서.
들리는 대로 듣지 않게 하시고
잘 구별하여 듣게 하소서.

상처받는 말을 들을 때는 잘 소화하게 하시고
비난의 소리를 들을 때는 자기를 돌아보는 기회로 삼고
악을 품지 않게 하소서.
진실과 거짓의 소리를 잘 구별하는 능력을 주시어
어떤 상황에도 바른길을 가도록 도와주소서.
예수님의 이름으로 기도합니다. 아멘.

건강한 발을 주소서

능력의 주님!
사랑하는 남편을 위해 기도합니다.

우리의 발걸음을 인도하시는 주님을 찬양합니다.
남편의 발걸음을 바르게 인도해주소서.
죄인의 길에 서지 않도록 하시고
늘 하나님의 뜻을 이루는 자리에 있게 하소서.

발은 실천하는 데 필요하오니
남편의 발을 건강하게 하소서.
건강한 발을 주시어
어디를 가든지 피곤하지 않게 하소서.
무릎과 발에 힘을 주시어
일어설 때 능력이 있게 하시고
달려갈 때 빠르게 하소서.

육신의 생각대로 발길이 가지 않게 하시고
성령의 생각대로 발길을 옮기게 하소서.
말씀의 빛을 따라가는 삶이 되게 하시고
인생의 어두운 곳에서도
방황하지 않도록 도와주소서.

남편의 발걸음을 옮기면서 가는 곳곳마다
주의 영광을 돌리는 삶이 되게 하소서.
매일의 삶이 주님과 함께하는 사람이 되게 하시고
남편의 발걸음을 안전하게 도와주소서.
남은 인생 동안
오직 예수님을 본을 좇아 사는 삶이 되게 하소서.
예수님의 이름으로 기도합니다. 아멘.

건강하고 복된 손이 되게 하소서

자비의 주님!
사랑하는 남편을 위해 기도합니다.

손을 주신 것을 감사합니다.
건강한 손이 되게 하시고
손을 다치지 않도록 늘 주님이 도와주소서.
왼손과 오른손을 잘 사용하게 하시고
필요한 때 손의 역할을 잘 감당하게 하소서.
받는 손이 되기보다는
다른 사람에게 베푸는 손길이 되게 하소서.
남에게 자비와 사랑을 베풀 때
오른손이 하는 것을 왼손이 모르게 은밀히 하게 하소서.

하나님이 주신 손으로 악한 일에 이용되지 않게 하소서.
선을 행하는 일에 적극적으로 손이 사용되게 하소서.

어려운 사람을 일으켜 세워주는 손으로
실족한 사람을 감싸주는 손으로
실패한 사람을 희망으로 인도하는 손으로
나약한 사람에게 용기를 주는 손으로
남편의 손을 사용하소서.

오른손은 말씀을 읽는 손이 되게 하시고
왼손은 기도하는 손이 되게 하소서.
하나님이 주신 손을 폭력에 사용되지 않게 도와주시고
나쁜 곳에 사용되지 않게 하소서.
선한 일에 손을 사용하게 하시고
손을 통하여 주님의 복음을 널리 전하게 하소서.
예수님의 이름으로 기도합니다. 아멘.

깨끗한 몸과 청결한 마음을 주소서

거룩한 주님!
사랑하는 남편을 위해 기도합니다.

깨끗한 몸과 청결한 마음을 주소서.
자기의 몸을 늘 청결하게 하도록 도와주소서.
청결한 몸을 통하여 병을 예방하게 하시고
늘 깨끗한 손이 되게 하소서.
주변의 더러운 생활이 있으면 정화시켜 주시고
날마다 청결하게 하는 환경을 주소서.

더러운 곳에 몸이 오염되지 않도록 하시고
건강한 몸을 유지하게 하소서.
몸만 청결하지 말고 마음도 청결하게 하시어
심령으로 하나님을 바라보게 하소서.
마음이 깨끗한 자가 복이 있다고 하셨는데

몸과 마음이 함께 청결하게 하소서.

하늘의 복을 사모하며
그 속에서 깨끗한 주님을 닮게 하소서.
오염될 만한 요소들이 있으면
미리 제거할 수 있는 지혜를 주시고
모든 면에서 깨끗한 하나님의 자녀로서 살아가게 하소서.
비록 더러운 세상 속이지만 그것에 오염되지 않고
정결한 주님의 자녀를 잘 지켜나가도록 인도하소서.
예수님의 이름으로 기도합니다. 아멘.

섬김을 실천하게 하소서

은혜의 주님!
사랑하는 남편을 위해 기도합니다.

섬김의 모범을 보여주신 예수님을 따라 살아가게 하소서.
하나님의 보좌를 버리고 낮은 곳에 오셔서
스스로 섬김을 보여주신 주님처럼
사랑하는 남편에게도 이런 능력을 주소서.
다른 사람을 섬긴다는 일이 결코 쉽지 않은 일인 줄 압니다.
많은 사람은 섬김을 받고 싶어 하지
섬기는 것에 익숙하지 않습니다.
그런데도 주님의 제자로서 섬김을 배우게 하소서.

작은 일부터 섬기게 하시고
오늘 이 시간부터 섬김을 실천하게 하소서.
이미 모든 것을 받은 감격으로 섬기게 하소서.

우리는 그리스도를 통해 구원의 축복을 받았고
더는 받을 것이 없는 풍족한 은혜를 누리고 있습니다.
아직 부족하다고 생각하면 섬기기 어려울 것입니다.
그러나 하나님의 사랑을 많이 받았다고 하면
섬기는 것이 쉬울 것입니다.
체면이나 의무감에서 섬기기보다는
자발적인 섬김이 일어나게 하소서.

섬기는 사람이 리더임을 깨닫고
어디서나 섬기는 자리에 서게 하소서.
제자들의 발을 친히 씻은 주님의 섬김을 본받아
우리도 낮고 천한 사람을 먼저 섬기며 존경하게 하소서.
부모의 마음으로 자녀를 돌보듯
이웃을 돌보는 은혜를 주소서.
하나님은 이런 사람을 높게 하실 줄 믿습니다.
자기 의로 높아지기보다는 섬김으로 높아지게 하소서.
예수님의 이름으로 기도합니다. 아멘.

세상의 유혹을 극복하게 하소서

진리의 주님!
사랑하는 남편을 위해 기도합니다.

세상의 삶은 유혹이 많습니다.
어디를 가도 유혹이 없는 곳은 없습니다.
사탄은 우리를 우는 사자와 같이 삼킬 자를 찾고 있습니다.
이런 영적인 전쟁터를 영적으로 바라보게 하소서.
육신의 정욕으로 바라보지 말고
사탄의 전략을 이해하는 눈으로 보게 하소서.
우리가 갖고 싶은 것으로 유혹하는 일을 조심하게 하소서.

특별히 남편이 살아가는 세상은 유혹이 많습니다.
물질과 야망과 명예와 권력과 성적인 유혹이 많습니다.
그 속에서 바른 것을 분별하여 유혹에 빠지지 않게 하소서.
선과 악을 볼 수 있는 성령의 능력을 주시고

어리석은 결정을 하지 않도록 늘 도와주소서.

마음속에 들려오는 유혹의 소리를 잘 간파하여
기도와 말씀으로 물리치게 하소서.
가장 큰 유혹은 외부적인 유혹이 아닌
마음속에 있는 정욕의 유혹입니다.
자신을 강하게 하시고 자신을 말씀으로 무장하게 하소서.

눈에 보이는 것으로, 감각적인 것으로
허명과 욕망을 포장하여 유혹하는 세력들을
이길 수 있는 능력을 주소서.
인간의 힘으로는 연약하오니
주님을 의지하므로 당당하게 그 일을 물리치게 하시고
하나님의 말씀에 대한 확신을 하고
끝까지 말씀을 떠난 것에는 거부하게 하소서.
예수님의 이름으로 기도합니다. 아멘.

어떤 환경에도 잘 적응하게 하소서

진리의 주님!
사랑하는 남편을 위해 기도합니다.

가장 가치 있는 진리를 세상에 알게 하면서
주님에게서 오는 즐거움을 경험하게 하소서.
지식보다는 지혜가 필요합니다.
남편에게 늘 하나님의 지혜로 가득하게 하시고
어떤 일을 하든지 잘 감당하게 하소서.
아무리 어려운 일이라도 자기의 것으로
잘 소화할 힘을 주시고
사람들에게 나누는 삶이 되게 하소서.

교회에서도 잘 적응하게 하심을 감사합니다.
직장에서도 주변 사람과 잘 적응하게 도와주소서.
말씀을 실천하는 데 적용력이 필요하오니

말씀을 통해 세상을 보는 은혜를 주소서.
아무리 좋은 것이라도
그것을 실천에 적용해야 빛이 납니다.

남편에게 어떤 상황에서도
사랑하고 생명을 포기하지 않으며
감사하는 사람이 되게 하소서.
얼굴에 감사가 항상 쓰여 있게 하시고
불평하고 비난하는 말보다는
어디서든지 감사하는 사람이 되게 하소서.
사람을 만나든지, 회사를 가든지
환경에 잘 적응하도록 도와주소서.
어디를 가든지 넉넉하게 환경을 극복하게 하소서.
예수님의 이름으로 기도합니다. 아멘.

기억력을 주소서

은혜의 주님!
사랑하는 남편을 위해 기도합니다.

우리에게 사물과 말, 사건들을 기억하게 하심을 감사합니다.
기억력으로 세상을 편하게 살게 하신 것을 찬양합니다.
기도하기는 하나님이 주신 기억력을 잘 발달시켜
좋은 일에 사용하게 하소서.
직장에서 일을 감당할 때
기억력이 쇠퇴하여 실수하는 일이 없도록 늘 도와주소서.
기억도 하나님이 허락하셔야 되는 줄 믿습니다.
성령님은 기억나게 하시는 분이십니다.

주님! 기억력을 주시되 긍정적이고 좋은 것을 기억하게 하소서.
하나님의 거룩한 것을 생생하게 기억하여 사용하게 하소서.
들은 말씀을 잘 기억하여 전하는 데 사용하게 하소서.

나쁜 말이나 악한 것은 기억나게 마시고
그것에서 해방되게 하소서.
사탄의 소리는 잊어버리게 하시고
오직 성령의 말씀만 기억나게 하소서.

세상을 살아갈 때 필요한 내용을 기억하는 데 힘을 주시어
해야 할 일을 잊어버리지 않게 하시고
그 기억력으로 하나님을 영광 올리는 일에 사용하게 하소서.
매일의 삶에서 해야 할 일은 잊지 않도록 기억력을 더해 주소서.
주의 말씀을 잊어버림으로 죄를 범했던
이스라엘 백성처럼 되지 않게 하시고
언약의 말씀을 항상 마음에 새기어 삶에 적용하게 하소서.

특히 하나님이 베풀어주신 은혜를 잊어버리지 않게 도우소서.
늘 그 은혜를 기억하면서 하루를 살아가게 하시어
감사와 기쁨이 충만하게 하소서.
기억력이 높아짐으로 은혜를 사모하는 마음도 깊어지게 하소서.
우리가 고백한 죄는 영원히 잊어버리시는 하나님을 본받아서
나쁜 기억보다는 좋은 기억으로 가득차게 하소서.
예수님의 이름으로 기도합니다. 아멘.

창의력을 주소서

창조주 주님!
사랑하는 남편을 위해 기도합니다.

세상을 창조하시고 지금까지 세상을 운행하고 계시는
하나님을 찬양합니다.
하나님의 형상으로 우리를 창조하시고, 그리스도를 통해
새롭게 창조하신 하나님께 감사드립니다.
창조는 하나님에게만 있는 줄 믿습니다.
사람의 창조는 모두가 하나님 안에서
이루어지는 것임을 알게 하시고
새로운 발견을 하나님의 은혜로 돌리게 하소서.

창의력은 대단히 중요하다고 믿습니다.
남편에게 하나님이 가졌던 그 창의력을 허락하시어
하는 일에서 하나님의 능력이 나타나게 하소서.

하나님의 창조의 힘을 받아

새로운 것을 만들어가는 남편이 되게 하소서.

날마다 갱신하며 새로운 하나님의 역사를

창조해가는 사람이 되게 하시고

일터 속에서, 주변 속에서

새로운 빛을 전해주는 사람이 되게 하소서.

고정적인 틀에서 벗어나 새로운 세계를 꿈꾸며 나가게 하시고

그것들이 생활에 잘 나타나도록 도와주소서.

이것을 위해서 하나님의 창조력을 배우게 하소서.

말씀을 통하여 창조하는 법을 배우게 하시고

기도를 통하여 새롭게 거듭나는 법을 알게 하소서.

예배를 통하여 하나님 앞에

날마다 새로운 모습으로 서는 훈련을 하게 하시고

그 속에서 자기를 새롭게 창조하는 남편이 되게 하소서.

하나님의 창조에 감탄하며

그 능력을 덧입는 사람이 되게 하소서.

예수님의 이름으로 기도합니다. 아멘.

상상력을 주소서

세상을 만드신 우주의 주관자 되신 주님!
사랑하는 남편을 위해 기도합니다.

하나님은 우리의 생각을 뛰어넘는 무한한 분이심을 찬양합니다.
그런 하나님을 알고 믿었다는 것이 얼마나 감사한지 모릅니다.
우리의 생각을 뛰어넘고 세상을 창조하신
그 능력을 우리도 배우게 하소서.
남편에게 이런 힘을 주시어 세상을 하나님의 사랑으로
충만하게 하는 사람이 되게 하소서.
무엇보다도 상상력을 풍부하게 하시고
그런 상상력으로 새로운 것을 창조하는 사람이 되게 하소서.
기도하는 가운데 상상력을 배우게 하시고
말씀을 공부하면서 거룩한 상상력을 터득하게 하소서.

세상에는 악한 상상력이 많습니다.

음란하고 거짓된 더러운 상상력이 있습니다.
허황되고 부패한 상상력을 갖지 않게 하시고
신선하고 아름다운 선한 상상력을 많이 품게 하소서.
자기를 드러내는 상상력보다는
하나님의 나라를 이루는 그런 상상력과 비전을 품게 하소서.
믿음은 상상하는 것이라는 사실을 깨닫고
바라는 대로 이루어주실 하나님을 믿고 그리면서
상상력을 품게 하시고, 그 힘으로 세상에서 승리하게 하소서.
눈앞에 있는 것만 보지 말고 보이지 않는 먼 미래를 보면서
오늘을 계획하게 하소서.

꿈을 잃은 사람들에게 상상력을 가지고 위대한 일을
꿈꾸게 하시고 포기했던 일을 다시 시작하게 하는
상상력을 가진 리더가 되게 하소서.
다가올 천국을 상상하며 이 세상을 살아가듯이
앞으로 이루어질 하나님의 축복을 바라보면서
오늘 하루 일에 최선을 다하게 하소서.
예수님의 이름으로 기도합니다. 아멘.

집중력을 주소서

든든한 삶의 반석이신 주님!
사랑하는 남편을 위해 기도합니다.

우리 주변에는 혼란하게 하는 많은 것이 있습니다.
마음과 생각을 빼앗아가는 죄악 된 것이 많습니다.
중요한 것을 놓치고 비본질적인 것에
우리의 정신을 잃기 쉬운 세상에서 살고 있습니다.

주님! 원하기는
사랑하는 남편에게 오직 주님께 집중하는 마음을 주소서.
무엇을 하든지 주님을 생각하면서 하게 하시고
그분의 온전하심 성품을 본받아 따라가는 마음을 주소서.
주님의 마음을 잃어버리게 만드는
주변 것에 집중하기보다는 주님께 집중하게 하소서.
주님께 집중함으로 얻어지는 집중력으로

일상생활 속에서 능력을 발휘하게 하소서.

모든 집중력은 하나님을 경외함에서
나오는 것임을 알게 하시고
주님이 주시는 힘으로 맡은 일에 집중하게 하소서.
집중할 때 생각지 않는 놀라운 힘이 나오는 줄 믿습니다.
사소한 것에 마음을 빼앗기지 않고
중요하고 본질적인 것에 집중하게 하소서.

무엇에 집중할 것인가를 깨닫게 하시고
한 번 정한 일에는 인내하면서 집중하는 힘을 주소서.
주님을 찬양할 때는 오직 주님께 집중하여
주님만 자랑하게 하소서.
주님께 예배할 때는 오직 주님께 집중하여
주님만 높아지게 하소서.
주님과 기도할 때 오직 주님께 집중하여
주님의 음성을 듣게 하소서.
예수님의 이름으로 기도합니다. 아멘.

관찰력을 주소서

능력의 주님!
사랑하는 남편을 위해 기도합니다.

오늘도 하나님의 은혜 가운데 살아가게 하소서.
세상에 주신 모든 것이
하나님에게서 오는 것임을 믿습니다.
하나님이 주신 것들을 잘 관찰하면
생각하지 못한 많은 은혜가 있습니다.
관찰력을 주시어 이런 것들을 보게 하시고 깨닫게 하소서.
하나님이 주신 보물들은 멀리 있는 것이 아니라
아주 가까운 곳에 숨어 있는 것을 알게 하시고
작은 것을 소중하게 여기는 마음을 주소서.
그 속에 보화가 있음을 알게 하시고
그 보화를 꺼내어 사용할 수 있는 눈을 주소서.

꼭 보아야 할 것을 보게 하시고
보지 말아야 할 것은 눈을 감게 하소서.
주위의 작은 자와 어려운 자들을 볼 수 있는 눈을 주시고
그들을 사랑할 수 있는 마음을 허락하소서.
하나님의 눈으로 보면 모든 것이 사랑스러움을 알게 하시고
하나님의 눈으로 세상을 바라보면서
판단하고 행동하게 하소서.

주님! 원하기는
남편에게 관찰력이 증대되게 하시고
남들이 보지 못하는 것에서 새로운 것을 발견하는 능력을 주소서.
남들이 버린 것에서 건축자의 모퉁이 돌을 찾게 하시고
남들이 하찮게 여긴 것에서 하나님의 가치를 발견하게 하소서.
하늘의 보화를 찾는 심정으로 세상을 바라보면서
하루를 살게 하시고 사람들을 만나게 하소서.
번득이는 영적 눈을 허락하시어 외적인 것만 보지 않고
내면의 깊은 것까지 통달하는 관찰의 능력을 주소서.
예수님의 이름으로 기도합니다. 아멘.

적용력을 주소서

지혜의 주님!
사랑하는 남편을 위해 기도합니다.
하나님이 주신 세상의 것들은 그냥 보기 위함이 아니라
그것을 실천하기 위한 것임을 믿습니다.
배우는 것은 지식으로 쌓는 것이 아니라
생활에서 적용하기 위함임을 믿습니다.

주님! 기도하기는
사랑하는 남편에게 모든 것을 적재적소에서
효과적으로 적용할 수 있는 힘을 주소서.
배운 대로 적용하게 하시고 깨달은 대로 실천하게 하소서.
죽은 지식이 아닌 살아 있는 지식이 되게 하시고
실제로 적용되어 많은 사람에게 유익을 주는
그런 배움이 되게 하소서.

적용력을 위해서는 먼저 하나님을 사랑하는 마음이 필요합니다.
원하기는 하나님과 이웃을 뜨겁게 사랑하는 마음을 주소서.
그것을 위해 자기에게 있는 것을 적용하게 하시고
최종적으로 자기 몸까지 헌신하고 드리는 사람이 되게 하소서.
주님이 자신의 모든 것을 바쳐 우리에게 주시고
인류를 구원했듯이 하나님이 주신 모든 것을 가지고
주님께 헌신하며 하나님의 나라에 바치게 하소서.

어떻게 적용해야 할지는
주님이 가르쳐주셔야 가능한 줄 압니다.
적용에 필요한 담대한 믿음과 결단력을 주소서.
옳은 것임을 알고 있으면서도 적용하지 못하고
삶에 실천하지 못하는 예가 얼마나 많이 있습니까!
알고 있으면서도 행동하지 못하는 연약함이 우리에게 많습니다.
남편에게 능력을 주시어 하나님의 뜻이라 여겨지면
과감하게 적용할 수 있는 삶이 되게 하소서.
그 적용으로 인해 많은 사람이 주님께 돌아오고
하나님을 찬양하는 일이 일어나게 하소서.
예수님의 이름으로 기도합니다. 아멘.

응용할 수 있는 힘을 주소서

창조의 주님!
사랑하는 남편을 위해 기도합니다.

인간을 하나님의 형상대로 만드시고 그 형상대로
살아가기를 원하시는 놀라우신 하나님을 찬양합니다.
이 땅을 하나님이 원하시는 나라로 만들기 위해서는
하나님이 주시는 능력이 절대 필요합니다.

주님! 원하기는 남편에게 주신 것을
다양한 상황에서 응용할 수 있는 힘을 주옵소서.
하나님의 지식을 교회 안에서만이 아니라
직장에서도 응용하게 하소서.
하나님께 받은 은혜를 주변의 동료들에게도 베풀게 하소서.
받은 그대로 전하기보다는 받는 사람들의 눈높이에 맞추어
그들에게 필요한 내용으로 전하는 응용력을 허락하소서.

직장에서 업무를 수행할 때에
꼭 필요한 일을 할 수 있으려면 응용력이 필요합니다.
다양한 상황과 환경에서 필요한 대로 적용할 수 있는
응용력이 날마다 더해지게 하시고
그것을 통하여 새로움을 창조하는 힘을 주소서.
새로운 가능성을 바라보고 앞을 향해 달려가게 하시고
하나님이 주신 지혜로 도전하게 하소서.

응용력을 갖기 위해서는 넓은 마음이 필요합니다.
닫힌 마음이 아닌 열린 마음이 필요합니다.
남편에게 생각과 지혜가 깊고 넓고 높아지게 하시고
어떤 상황에서도 자유롭게 주님의 말씀과 뜻을 실천하며
응용하는 힘을 주소서.
다른 것과 상관관계를 가지고 효과적으로 연결하는 힘을 주소서.
하나님의 원리를 터득하여 놀라운 응용력으로
이 땅에서 하나님의 신비를 드러나게 하는
사람이 되게 하소서.
예수님의 이름으로 기도합니다. 아멘.

시간을 잘 사용하게 하소서

역사의 주인이신 주님!
사랑하는 남편을 위해 기도합니다.

오늘도 하루의 시간이 지나갑니다.
시간은 나의 것이 아닌 하나님의 것입니다.
내가 나의 인생의 시간을 계수할 수 없습니다.
오직 하나님만이 자신의 인생을 계수하실 수 있습니다.
매일 매일 살아가는 시간 속에서
하나님의 은혜를 깨닫게 하시고
시간을 헛되이 보내지 않도록 하소서.

내게 주신 시간을 가치 있게 사용하고
선용할 수 있도록 지혜를 주소서.
오늘 내게 주어진 시간만이 나의 시간이 됨을 믿고
하루의 시간에 충성하게 하소서.

내일 일을 미리 염려하지 않고
오늘 하루에 최선을 다하게 하소서.

한 번 지나간 시간은 다시 돌아오지 않습니다.
한 번 잘못된 시간은 다시 돌이킬 수 없습니다.
수많은 실패와 잘못을 범한 삶을 후회만 하지 않고
앞으로 미래를 향해 새로운 날을 꿈꾸게 하소서.
내가 만들 수 없는 것이 시간입니다.
오직 하나님이 선물로 주신 시간입니다.
하루의 시간을 감사하게 생각하고
하나님과 이웃을 위해 사용하는 시간이 되게 하소서.

헛된 시간을 보내지 않고
의미 있고 유익이 되는 시간을 보내게 하소서.
남의 시간을 뺏는 것도 도둑임을 알고
나의 시간이 소중한 만큼
남의 시간도 소중함을 알게 하소서.
하나님이 마지막에 부르시는 시간을 바라보면서
한 걸음 한 걸음 하나님 앞에 다가서는 삶을 살게 하소서.
예수님의 이름으로 기도합니다. 아멘.

죽음을 준비하며 살게 하소서

생명의 주님!
사랑하는 남편을 위해 기도합니다.

사람이 살고 죽는 것은 하나님께 달려 있습니다.
하나님이 허락하시면 살지만
그렇지 못하면 주님께로 가는 것이 인생입니다.
육신의 수명은 정해져 있습니다.
죄악을 입은 육신은 영원히 살지 못합니다.
강건하면 80~90세인데
이 기간을 잘 보내게 해주시고
주님이 주시는 건강을 가지고
주님의 일에 헌신하게 하소서.

늘 죽음을 준비하게 하시고
주님이 부르시는 날을 예비하는 삶이 되게 하소서.

그리스도 안에서 죽음은 복된 것임을 먼저 알게 하시고
육신의 끝이 죽음이지 영혼의 끝은 죽음이 아님을 알고
늘 하나님 안에서 희망을 갖게 하소서.
영원히 사는 천국의 소망을 주셨으니
그 믿음으로 주어진 육신의 날을 살게 하소서.

하루에 최선을 다하면서
그 속에서 주님의 영광을 드러내는 사람이 되게 하소서.
하루에도 수없이 죽어가는 인생들을 바라보면서
오늘 하나님 앞에서 내가 해야 할 일이
무엇인지 늘 생각하게 하소서.
그리스도인의 죽음은 주님의 품에 안기는 것임을 믿고
죽음에 대한 두려움을 벗게 하소서.
주님의 때가 왔을 때
기쁨으로 주님 안에 거하는 믿음을 주소서.
예수님의 이름으로 기도합니다. 아멘.

P·a·r·t·4

:

사회를 섬기는
형통한 사람으로
세우는 기도

하나님의 비전을 품게 하소서

새로운 꿈을 주신 하나님!
사랑하는 남편을 위해 기도합니다.

마음에 소원을 두고 그것을 이루게 하시는
하나님을 믿게 하심을 감사드립니다.
하나님을 믿으면서 꿈을 갖게 되었으며
예수님을 만나면서 꿈이 달라졌음을 찬양합니다.
하나님이 주신 비전을 가슴에 품고
그것을 끊임없이 열망하며 비전을 이루기 위해
기도하며 수고하는 사람이 되게 하소서.

내가 만들어낸 비전이 아닌 하나님이 주신 비전임을 확신하며
그것을 이루기까지 하나님은 나를 떠나지 않음을 믿게 하소서.
간절히 기도하기는 하나님의 비전을 통하여
하늘의 뜻이 땅에서도 그대로 이루어지게 하시고

미워하는 사람이 사랑의 사람으로
목표가 없는 사람이 목표를 가지게 하소서.

우리에게 하나 된 비전을 주시고
그것을 통하여 하나님의 영광을 높이게 하소서.
힘이 들고 연약할 때마다 하나님이 주신 비전을 부여잡고
그것을 향해 달려가게 하소서.
우리가 꿈꾸는 비전이 세상에서 끝나는 일시적인 비전이 아닌
영원한 하나님의 나라로 이어지는 약속을 이루는
비전이 되게 하시고
하늘나라에 가서도 그것을 바라보며
기뻐하는 비전이 되게 하소서.

하나님의 비전을 통하여 점점 더 하나님의 형상을 닮게 하시고
하나님의 비전을 품으면서 하나님의 나라를 세우는 일에
더 헌신하는 사람이 되게 하소서.
우리의 교제 속에 하나님의 비전이 더 구체화되게 하시고
흔들리지 않는 비전,
하나님의 꿈을 이루는 비전으로 다가서게 하소서.
예수님의 이름으로 기도합니다. 아멘.

사람을 소중히 여기게 하소서

생명의 주님!
사랑하는 남편을 위해 기도합니다.

사람을 소중히 여기는 마음을 주소서.
일보다는, 물질보다는
사람의 가치를 존중하고 우선하는 사람이 되게 하소서.
생명을 구원하기 위해
십자가에 목숨을 버리신 주님의 사랑을 본받아
남은 생애를 사람을 구원하는 일에 헌신하게 하소서.
주변의 만나는 사람들을 소중하게 바라보고
그들을 인격적으로 존중하게 하소서.

점차 사람의 가치가 사라지는 시대의 풍조를 따르지 않고
어디를 가든지 주님의 마음을 품고
사람을 바라보게 하소서.

사람 안에 희망이 있고
사람을 통해 하나님은 역사하심을 믿고
주변의 사람들을 소중하게 생각하는 남편이 되게 하소서.

남편을 통해 절망적인 사람이 소망을 얻고
남편을 통해 좌절하던 사람이 용기를 얻고
남편을 통해 사망에 이르는 사람이
구원을 받는 은총을 주소서.
사람을 외모로 취하지 않게 하시고
언제나 중심을 바라보면서 내적인 가능성을 바라보게 하소서.

한 사람을 잘 키우는 것처럼
소중한 것이 없음을 알게 하시어
있는 곳에서 인재를 발굴하여 그를 키워내는 사람이 되게 하소서.
다음세대를 책임지는 사람을 세우는 사람으로 살게 하시고
그런 비전을 갖게 하소서.
예수님의 이름으로 기도합니다. 아멘.

주님의 신실함을 배우게 하소서

신실하신 하나님!
사랑하는 남편을 위해 기도합니다.

우리에 대해서 그토록 신실함을 보여주셨던 주님을
남편도 본받게 하소서.
우리는 본래 죄악 된 출생이라 신실할 수 없었고
신실함을 유지하려 해도 그것은 불가능한 것이었습니다.
그런에도 때때로 신실함을 위장했던 것을 용서하소서.
지금부터는 철저한 죄악 된 우리의 모습을 인정하고
우리로부터 신실함을 찾아보려는 노력을 그치게 하소서.
이제부터는 오직 주님의 신실함을 배워
그 신실함으로 내 안에 가득하게 하소서.

주님이 나를 대한 것처럼 우리가 다른 사람을 대하게 하시고
주님이 우리를 향해 변하지 않는 마음을 품었던 것처럼

우리도 주님을 향해 변하지 않는 마음을 품고 충성하게 하소서.
한 번 약속을 정하고 우리와 언약을 맺는 그것에
십자가에 죽음으로써 약속을 충실히 지키셨듯이
우리도 주님을 향해 주님이 주신 약속을 지키며
순종하게 하소서.

서로가 주님의 신실함으로 채워 가게 하시고
서로가 신실한 관계로 사랑을 세우게 하소서.
주님의 말씀 속에서 날마다 신실함을 배우게 하시고
한 번도 나를 버리지 않고
책임져주시는 주님의 신실하심을 믿고
상대방에 대해서 신실함을 갖게 하소서.
우리의 관계가 신실해짐으로써
우리와 만나는 모든 사람에게도
그 신실함이 번져나가게 하소서.
예수님의 이름으로 기도합니다. 아멘.

축복의 통로가 되게 하소서

만복의 근원이신 주님!
사랑하는 남편을 위해 기도합니다.

이 땅을 만드시고 복 주신 하나님을 찬양합니다.
세상을 만드시고 보시기에 좋았다고 말씀하시며
생육하며 번성하는 복을 인간에게 허락하신
주님의 은혜를 경배합니다.
아브라함을 복의 근원으로 삼으셨듯이
남편을 복되게 하셔서
어디서든지 복의 사람으로 살게 하소서.
세상의 복이 아니라 하나님이 주시는 복을 받게 하시고
일시적인 복이 아닌 영원한 복을 받게 하소서.

남편에게 어디를 가든지 축복의 통로가 되게 하시고
남편을 통해 복을 받는 사람이 많아지게 하소서.

열국의 아비의 칭호를 받은 아브라함처럼

믿음의 사람이 되게 하소서.

어디를 가든지 많은 사람에게 복을 나누어주고

복을 만들어내는 복의 근원이 되게 하소서.

하나님의 복을 받을 만한 사람으로 믿음을 성장시켜주소서.

하나님만 신뢰하며 하늘의 복을 사모하며

하나님의 역사를 일으키는 사람이 되게 하소서.

사람들 속에서나, 직장 속에서나 하나님의 복을 전하고

하나님의 복의 길로 안내하는 사람이 되게 하소서.

세상 눈가림의 복에 이끌리지 말고

영혼과 몸을 함께 건강하게 하는 복을 주소서.

평생에 하나님의 복을 받게 하시고

들어가도 복을 받고 나가서도 복을 받게 하소서.

사람들에게 복을 빌어주고

하나님의 평화를 전하는 사람이 되게 하소서.

예수님의 이름으로 기도합니다. 아멘.

예수님을 위한 열망을 갖게 하소서

만왕의 왕이 되신 하나님!
사랑하는 남편을 위해 기도합니다.

높은 보좌를 버리시고
낮고 천한 세상에 독생자 아들을 보내주신
그 은혜를 찬양하고 감사합니다.
섬김을 실천하면서 끝까지 섬김의 본을 보이시고
우리를 위해 대신 죽으신 그 하나님의 사랑을 경배합니다.
우리 안에 예수 그리스도의 보화가 있음을 믿게 하시고
그 보화를 드러내는 데 모든 삶을 집중하게 하소서.
오직 내 안에 계신 그리스도만이
존귀하게 하는 우리 부부가 되게 하소서.

세상에서 우리의 이름을 드러내는 열망에서
주님의 이름을 드러내기 위한 열망으로

과감히 전환하게 하시고
주님을 이용하여 우리의 권세가 높아지려는
유혹을 벗어버리고 우리를 사용하여
주님의 권세가 높아지는 꿈을 품게 하소서.
오직 주님의 이름만, 오직 주님 자신만, 오직 주의 나라만
이 땅에 임하는 열망을 갖게 하시고
그것을 위해 우리 자신을 불태우게 하소서.

주님이 사는 것이 내가 사는 것이요,
주님이 높아지는 것이 내가 높아지는 것이요,
주님이 나타나는 것이 내가 나타나는 것임을 알게 하소서.
세상의 야망에 휩싸일 때마다
주님을 향한 거룩한 열망에 불을 지피길 원합니다.
주님의 나라가 이 땅에 세워지는
그날을 향해 달려가게 하시고
주님의 뜻이 이 땅에 이루어지는 그날을 바라보게 하소서.
예수님의 이름으로 기도합니다. 아멘.

변혁시키는 리더십을 주소서

우리의 지도자가 되시는 주님!
사랑하는 남편을 위해 기도합니다.

우리의 왕 되신 주님을 찬양합니다.
사랑하는 사람에게 주님의 모습을 닮게 하소서.
친히 섬김의 본을 보이시면서 우리의 모든 것을 위해
자신을 희생하신 주님을 바라보면서 리더를 꿈꾸게 하소서.
세상에는 많은 지도자가 있지만
그들은 남을 지배하고 자기 욕심만을 위한 삽니다.
세상의 모양대로 살지 않게 하시고
오직 주님이 보여주셨던 지도력을 바라보게 하소서.

남을 섬기면서 으뜸이 되는 법을 배우게 하시고
남을 높이면서 높아지는 길을 보여주소서.
다른 사람을 지배하면서 기쁨을 찾는 지도력을 품기보다는

다른 사람을 섬기고 그들이 즐거워하는 것을 보고
기뻐하는 지도력을 갖추게 하소서.
무엇보다도 하나님을 주인으로 섬기는 겸손한 마음을 갖게 하시고
하나님에게서 나오는 권위로 세상을 리드하게 하소서.
좋은 리더의 성품을 갖추게 하시고
그것들을 계속 훈련하는 열심을 주소서.
사랑과 희락과 화평과 온유와 절제와 충성과
자비와 양선과 오래 참음의 성령의 열매들을
생활 속에서 맺히게 하소서.

외적인 화려함이나 재물과 권세와 명예로 지도하는 것이 아닌
겸손과 사랑과 평화로 많은 사람을 인도하는 지도자로 삼아주소서.
세상을 분별할 수 있는 영을 허락하시어
갈 길을 몰라 방황하는 많은 영혼에게
힘과 소망과 비전을 제시하는 지도력을 갖추게 하소서.
자기를 높이는 지도력이 아닌
오직 주님을 섬기고 찬양하게 하는 리더십을 허락하소서.
그리하여 사랑하는 사람을 통하여
오직 주님만 세상에서 왕으로 높여지는 일이 나타나게 하소서.
예수님의 이름으로 기도합니다. 아멘.

영향력을 끼치는 사람이 되게 하소서

능력의 주님!
사랑하는 남편을 위해 기도합니다.

그리스도 안에서 새로운 사람이 되게 하시고
영생을 얻게 하심을 감사합니다.
믿음의 뿌리가 든든하게 하시고
어떤 환란이 와도 흔들리지 않는 반석 같은 믿음을 주소서.
그 믿음으로 많은 사람에게
영향력을 끼치는 사람이 되게 하소서.

주님의 마음과 생각을 닮아가게 하시고
세상 속에서 빛과 생명을 드러내게 하소서.
많은 사람이 남편의 삶을 본받고
다른 사람에게 영향력을 끼치는 사람으로서 성장하게 하소서.
세상 속에서 리더로서 역할을 하게 하시고

하나님의 사람으로서 책임을 감당하게 하소서.

거룩한 제사장으로서 삶을 살게 하시고
죽은 영혼을 살려내는 거룩한 소명을 감당하는
사람이 되게 하소서.
주님이 주시는 원대한 비전을 품고
그것을 향해 나아가게 하시고
주님에게서 오는 은혜를 덧입어
가는 곳곳마다 복된 발걸음이 되게 하소서.

어둠이 있는 곳에 빛을 주시고
절망이 있는 곳에 희망을 주는 사람이 되게 하소서.
비전을 잃은 사람에게 비전을 심어주고
포기한 사람에게 다시 시작하게 함을 일깨워주소서.
자기의 훈련을 잘 감당함으로써
하나님의 일에 크게 사용하는 인생이 되게 하소서.
하나님의 때를 기다리며
하나님이 높여주시는 그날을 바라보면서 살게 하소서.
예수님의 이름으로 기도합니다. 아멘.

하나님의 선교의 비전을 주소서

구원의 주님!
사랑하는 남편을 위해 기도합니다.

어디를 가든지 있는 곳이
하나님의 선교를 하는 곳임을 알게 하소서.
그리고 그 일에 도구가 되게 하소서.
세상의 일은 잠시 있다가 사라지는 것임을 깨달아
그곳에서 영원한 가치를 이루게 하소서.
궁극적으로는 선교의 비전을 품고 일하게 하시고
모든 것이 하나님의 선교에 사용되게 하소서.

재능과 물질과 시간과 일터 등 모든 것이
하나님의 선교에 사용되는 비전을 갖고 살게 하소서.
남편에게 선교에 대한 비전을 주소서.
하나님의 마음을 가지고 세상을 바라보면서

잃어버린 양을 찾는
목자의 심정으로 사는 인생이 되게 하소서.

직장에서 만나는 모든 사람에게
하나님의 대사로서 사명을 갖고 대하게 하소서.
이 일을 위해서 자기를 훈련하고
하나님의 사람으로서 능력을 갖추게 하소서.
하나님의 위대한 일을 꿈꾸고 그 일을 도전하게 하소서.
평신도 선교사로서 사명을 감당하게 하시고
자기의 주어진 재능을 통해서 하나님께 영광을 돌리게 하소서.

복음의 빚진 자로서 마음을 가지고
복음을 나누어주는 남편이 되게 하소서.
좋은 동역자를 만나게 해주시고 말씀의 능력을 주시어
있는 자리에서 하나님의 꿈을 이루게 하소서.
선교에 사용되는 그런 남편이 되게 하소서.
예수님의 이름으로 기도합니다. 아멘.

좋은 관계를 맺게 하소서

우리에게 하나님의 형상을 허락하신 하나님!
사랑하는 남편을 위해 기도합니다.

우리에게 신의 성품을 주신 하나님께 감사와 찬양을 드립니다.
부족한 인간들에게 거룩한 하나님의 형상으로 창조하여
감히 가질 수 없는 하나님의 것을 공유하게 하심을 감사드립니다.
입으로 주님을 고백하면서
드디어 하나님 아버지와 자녀의 관계가 된 것은
아무리 생각해도 감사할 뿐입니다.

하나님과의 관계처럼
이웃과의 관계에서도 좋아지기를 기도합니다.
인간들과 만나는 다양한 관계에서
그리스도인으로서 모습을 지니게 하시고
그들에게 빛과 소금이 되는 모습을 나타나게 하소서.

관계가 곧 신앙임을 믿고
하나님과 이웃과 세상과 관계를 잘 갖게 하소서.

혹시 잘못된 사람과 관계가 있으면
회개의 영을 주시어 먼저 가서 화해하여
좋은 관계를 유지하고 죄가 틈타지 못하게 하소서.
하나님을 사랑하는 것처럼 이웃을 내 몸처럼 사랑하고
하나님을 대하듯 이웃을 대하게 하소서.
사랑하는 사람과의 관계를 말씀과 기도로 거룩하게 하시고
하나님의 능력으로 점차 다른 사람들이 부러워하는
깊은 신뢰의 관계로 이끌어주소서.

가정과 이웃과 교회와 관계가 원만하게 하시고
관계 회복을 위해 중보자가 되게 하소서.
다른 사람과의 관계를 파괴하는 사람이 되기보다는
깨어진 관계를 회복하는 사람이 되게 하소서.
일시적인, 감정적인, 인간적인 관계가 되기보다는
영원히 변하지 않는 약속으로 맺은 관계가 되게 하소서.
예수님의 이름으로 기도합니다. 아멘.

일터가 성소임을 깨닫게 하소서

반석이신 주님!
사랑하는 남편을 위해 기도합니다.

직장을 주신 하나님께 감사합니다.
하나님이 주신 일터에서 최선을 다하며
직장에서 인정을 받게 하소서.
게으름을 피우지 않게 하시고
주어진 일에 최선을 다하는 사람이 되게 하소서.
직장 동료들과 사이좋게 지내게 하시고
상사를 잘 섬기며 복종하고
직장의 질서에 잘 적응하도록 도와주소서.

내가 있는 일터가 성소임을 깨달아
직장을 거룩한 곳으로 만드는 사명을 감당하게 하소서.
요셉처럼 자기의 주어진 일에 충실하면서

하나님의 꿈을 품게 하소서.

하나님이 함께하신다는 칭찬을 받아

일이 순리적으로 풀리게 하소서.

인간적인 술수나 거짓으로 일을 처리하지 말고

진실함과 겸손함으로 직장일을 잘 감당하게 하소서.

인간의 생각이 미치지 못할 때는

하나님께 기도하며 지혜를 구하게 하시고

실수했을 때는 즉시 사과하고 실수를 고치게 하소서.

직장 내의 팀워크를 잘 이루게 하시고

직장에서 꼭 필요한 인물로서 인정받게 하소서.

직장의 스트레스를 잘 소화할 수 있는 능력을 주시고

자기 계발을 통해서 직장에 이바지하는 사람이 되게 하소서.

무엇을 하든지 주께 대하듯 하고

눈가림이나 술수나 거짓으로 행하지 않게 하소서.

거짓은 언제나 드러남을 믿고

어떤 경우에도 진실함을 지키게 하소서.

예수님의 이름으로 기도합니다. 아멘.

일을 통해 좋은 결과를 얻게 하소서

세상을 창조하신 하나님!
사랑하는 남편을 위해 기도합니다.

인간을 만드셔서 생육하고 번성하여
땅에 충만하고 세상을 다스리라고 복된 명령을 하신
하나님의 사랑을 감사드립니다.
세상에 지배당하지 않고 세상을 지배하며 관리하는
청지기로 삼아주신 하나님께 영광을 올립니다.
직장을 통하여 일하게 하심을 감사드립니다.
건강을 통하여 일하게 하심을 감사드립니다.

일하고 싶어도 일자리가 없고, 일하고 싶어도 건강을 잃어서,
일하고 싶어도 의욕이 없어서 일을 감당하지 못하는 사람이 있는데
우리에게 좋은 일을 허락하시어 그것에 감사하면서
살아갈 수 있는 것은 하나님의 특별한 은혜입니다.

주신 일에 감사하며 그것에 충성을 다하게 하소서.
일을 통하여 하나님을 즐겁게 해드리고
일을 통하여 선한 일을 하도록 인도하소서.

일을 하면서 어렵고 힘들 때는 인간의 죄로 인한
결과임을 생각하며 하나님을 더욱 의지하게 하시고
일을 통하여 즐거움과 만족과 성취감이 생길 때는
인간의 힘으로 된 것이 아님을 생각하며
교만하지 않게 하시며 그 일을 통하여 하나님을 즐겁게 해드리고
하나님을 위하여 더욱더 열심히 일하는 충성심을 허락하소서.

일을 통하여 좋은 결과를 얻게 하시고
땀을 흘린 만큼 수고로이 일한 만큼의 보상을 얻게 하시며
하나님의 은혜로 생각 이상의 복을 허락하소서.
그러므로 인해 인간이 일하지만
모든 것이 하나님의 손안에서 역사하심을 체험하게 하소서.
일하면서도 안식을 기억하여 하나님 안에서 쉼의 은혜를 주소서.
자칫 일의 노예가 되기 쉬운데
그것에서 해방할 수 있는 자유로움을 주소서.
예수님의 이름으로 기도합니다. 아멘.

실패를 실패로 보지 않게 하소서

능력의 주님!
사랑하는 남편을 위해 기도합니다.

인생의 실패를 맞이할 때 실패를 실패로 보지 않고
실패 속에서 성공을 바라보게 하소서.
실패를 주님이 주시는 연단으로 알게 하시고
그 속에서 인격을 만드는 기회가 되게 하소서.
고난과 어려움 속에서
그동안 느끼지 못했던 하나님의 손길을 느끼게 하시고
그동안 듣지 못했던 하나님의 음성을 듣게 하소서.

실패를 통해서 내 힘으로는 안 되고
오직 주님의 도우심이 필요함을 절실히 깨닫게 하시고
그 속에서 하나님의 온전하신 뜻이
무엇인지 분별하게 하소서.

잠시 주는 실패는 실패가 아님을 알게 하시고
영원한 실패가 진정한 실패임을 알아
실패를 두려워하지 않게 하소서.
실패가 올 때는 물러서지 않고 오히려 앞으로 나아가게 하시고
실패를 통해서 새로운 길을 찾게 하소서.

인간은 앞날을 알 수 없습니다.
인간이 볼 때는 실패이지만 하나님이 보실 때는
성공인 경우가 있사오니 그것을 보게 하소서.
실패를 통해 낙담하거나 좌절하지 않게 하시고
실패를 통하여 일어서는 법을 배우게 하소서.
하나님이 함께하는 자녀는 하나님이 책임지심을 믿고
주님을 더욱더 의뢰하는 시간이 되게 하소서.
세상은 버려도, 환경은 외면해도
하나님은 나를 외면하지 않음을 믿게 하시고
어려울수록 더욱더 주님을 신뢰하면서
비전을 잃지 않게 하소서.
예수님의 이름으로 기도합니다. 아멘.

용서의 능력을 주소서

용서의 주님!
사랑하는 남편을 위해 기도합니다.

일흔 번에 일곱 번씩이라도 용서하라고 하신 주님,
먼저 용서의 신비를 알게 하소서.
죄를 정죄하고 사하는 것은
우리의 권한이 아님을 알게 하소서.
우리가 할 수 있는 일은
용서하는 일밖에 없음을 깨닫게 하소서.
용서할 수 없는 상황이나 사람을 대할 때
내 힘으로는 부족한 것을 알게 하시고
주님이 나를 용서하신 그 은혜를 기억하게 하소서.
엄청난 용서를 받은 자신을 기억하며
작은 것에 대한 잘못은 기꺼이 용서하는 자비를 주소서.

쉽지 않은 일이지만
주님이 주시는 은혜가 충만하면 될 줄 믿사오니
그런 능력을 남편에게 주소서.
이해 못 하는 애매한 핍박과 오해를 받는 것은
그만한 하나님의 뜻이 숨어 있는 줄 압니다.
당장은 이해가 안 되지만 먼 미래를 바라보면서
용납하고 받아들이게 하소서.

하나님의 시야를 가지고 인생을 길게 보게 하소서.
인간의 제한된 생각과 경험으로
현재의 일을 해석하는 것은 무리인 줄 알고
하나님께 맡겨 버리는 지혜를 주소서.
내가 용서함으로써 내가 용서받아야 할 때 용서받게 하소서.
그때를 위해 준비하게 하소서.
미워하기보다는 사랑하고
원망하기보다는 받아들이게 하소서.
모든 것이 인간의 죄악의 결과로 나타난 것임을 알게 하시고
이런 일을 통해 인간의 죄악의 파괴력을 경험하게 하소서.
예수님의 이름으로 기도합니다. 아멘.

끝까지 충성하게 하소서

충성의 주님!
사랑하는 남편을 위해 기도합니다.

죽기까지 충성하신 주님을 찬양합니다.
구약의 예언 말씀을 응하기 위해 고통스러운 십자가를 지신 주님은
하나님에 대해, 우리에 대해 철저히 충성하셨습니다.
주님이 약속에 대해 충성하지 않았다면
우리는 구원을 받지 못했을 것입니다.
우리도 이런 주님의 충성을 본받게 하소서.
주님의 신실하신 인격을 본받아
남편에게도 이런 성품을 소유하게 하소서.

한 번 맡은 일에는 틀림없이 해내는 충성심을 주소서.
주변의 환경에 따라 약속과 말을 번복하는
사람이 되지 않게 하시고

자기가 한 말에 대해서는 책임지는 충성심을 주소서.
하나님께 충성하는 마음으로
세상에 대해서도 충성하게 하소서.

신실하지 못한 상사에게도 충성한다는 것이 없습니다.
권위와 질서에 대해서는 충성하되 진리가 아닌 것에는
과감히 거부할 수 있는 것이 진정한 충성임을 알게 하소서.
아부의 사람이 아닌 신실한 사람이 되게 하소서.
손해를 본다 해도 하나님이 채워주실 줄 믿고
끝까지 신의를 지키고 약속을 따르게 하소서.
믿음생활도, 직장생활에서도 충성심을 주소서.

부모와 가정에서도 충성함을 주시고
누구에게든지 칭찬받는 충성된 마음을 주소서.
진정한 충성심은 하나님께 배우는 것임을 알아
지속해서 주님과 교제하게 하소서.
오늘도 충성된 제자 한 사람을 찾으시는 주님을 기억하며
주님의 선택 반열에 들게 하소서.
예수님의 이름으로 기도합니다. 아멘.

봉사의 사람이 되게 하소서

평화의 주님!
사랑하는 남편을 위해 기도합니다.

주님은 인간을 철저히 섬기셨고 봉사하셨습니다.
우리도 그런 삶을 배우게 하시고
끝까지 봉사를 실천하면서 살게 하소서.
남편에게 충성스러운 마음을 갖게 하시고
주께 대하듯 사람들을 섬기고 봉사하게 하소서.
직장과 사람들 사이에서
봉사의 역할을 잘 감당하며
그리스도의 향기를 드러내게 하소서.

봉사하되 진실과 거룩함으로 하게 하시고
봉사를 통하여 자신의 이름보다
하나님의 이름을 드러내게 하소서.

어려운 사람들과 소외된 사람들을 돌보고
봉사할 수 있는 마음을 주시어
더불어 사는 이웃을 만들게 하소서.
평생 봉사의 은혜를 간직하여
봉사하다가 일생을 마치게 하소서.

내 이웃을 내 몸처럼 사랑하라고 하신
주님의 말씀을 기억하며
직장과 이웃을 자신의 몸처럼 사랑하는
사람으로 만들어주소서.
보이는 봉사보다는 보이지 않는 봉사로
주님의 말씀을 이루는 봉사가 되게 하시고
그 일을 통하여 하나님의 놀라운 역사를
곳곳에 이루게 하소서.
남편에게 봉사의 즐거움을 주시고
그 즐거움으로 인생의 행복을 갖게 하소서.
예수님의 이름으로 기도합니다. 아멘.

나눔을 실천하게 하소서

은혜의 주님!
사랑하는 남편을 위해 기도합니다.

나눔이 있는 곳에 하나님의 역사가 일어남을 믿습니다.
남편에게 나눔의 행복을 알게 하시고
나눔을 통하여 하나님의 능력을 경험하게 하소서.
어디서든지 받기보다는 나누어주게 하시고
물질과 마음을 함께 나누어주는 사람이 되게 하소서.
많이 나눌 수 있는 비전을 주시어
물질과 건강의 은혜를 풍성하게 내려주소서.

주님! 우리 주위에는 헐벗고 굶주린 사람이 많습니다.
나눔의 손길을 기다리는 사람이 많습니다.
그들도 우리의 이웃입니다.
그들을 불쌍히 여기는 마음을 갖게 하시고

가진 것을 조금씩이라도 나누는 삶을 살게 하소서.
복음을 나누는 마음을 주소서.
아직도 복음을 갖지 못해 불행한 사람이 많습니다.
담대히 나가 그들에게 복음을 전해주고
값없이 나누어주는 감사한 일에 앞장서게 하소서.

남편에게 넉넉하고 여유로운 마음을 주시어
시간과 물질과 마음을 함께 나누는
멋있는 사람으로 인도하소서.
남편으로 인하여 가정과 이웃과 직장이
새로워지고 나눔을 실천하는 분위기와
도전이 일어나게 하소서.
다른 사람에게 나눔을 실천할 수 있는 동기를 부여하고
그들에게 좋은 일을 인도하는 나눔의 전령이 되게 하소서.
나누면서 행복하고, 나누면서 기뻐하고
나누면서 의미를 새기는 하루의 삶이 되게 하소서.
예수님의 이름으로 기도합니다. 아멘.

좋은 멘토를 주소서

주인이신 주님!
사랑하는 남편을 위해 기도합니다.

좋은 멘토를 주셔서 그를 통하여 자라가게 하소서.
좋은 선생님과 리더를 만나
영적으로나 인격적으로나 사회적으로
균형 잡힌 성장을 이루게 하소서.
최고의 멘토이신 주님을 의지하여
주님의 형상을 닮게 하시고
성령의 인도하심을 받아 인생길을 지도받게 하소서.
아울러 말씀을 사랑하며 잘 가르치는 스승을 허락하시어
그 말씀대로 살아가게 하소서.

좋은 사람을 만나는 것도 인간의 힘으로는 안 되고
주님의 도우심으로만 가능한 것을 믿습니다.

주님을 본받는 멘토를 주시어
그를 통하여 주님을 닮아가게 하소서.
내가 주님을 본받는 것처럼
너희가 나를 본받으라고 당당하게 말할 수 있는
영적 지도자를 허락하시고 교제하게 하소서.

직장과 인생 속에서 좋은 인생의 안내자를 주시어
바른 삶의 지침을 얻게 하소서.
성경 안에 많은 인생의 멘토들이 있습니다.
베드로와 바울과 아브라함과 족장들,
모세와 여호수아, 다윗 등 많은 멘토가 성경 속에 있습니다.
선지자들을 통해 삶의 방법을 터득하게 하시고
진리를 따라가는 야성을 갖게 하소서.
성령 하나님이 말씀하여 주시고
가르치고 훈계하고 채찍질하여 바른길로 가게 하소서.
진리에 잘 순종하는 사람으로 만들어주시고
교회와 세상 속에서도 진리에 따라 살아가는
신실한 주님의 자녀가 되게 하소서.
예수님의 이름으로 기도합니다. 아멘.

범사에 감사하게 하소서

은총의 주님!
사랑하는 남편을 위해 기도합니다.

이 세상에는 하나님이 주신 것들로 가득 차 있습니다.
모든 것을 거저 주셨습니다.
우리는 그것을 누리고 살아감에도
감사하지 못하는 경우가 많습니다.
사랑하는 남편에게 눈을 열어
이러한 하나님의 은혜를 감사하게 하시고
그 은혜를 덧입어 주변의 많은 사람에게
은혜를 베풀면서 살게 하소서.

작은 것에도 감사하게 하시고
모든 일상생활에서 감사하게 하소서.
계절마다 좋은 것으로 허락하시는 주님을 바라보면서

하나님의 은혜를 잊지 않게 하소서.
어려움이 생겨도 불평하지 않게 하시고
인내하면서, 하나님의 도우심을 바라보면서 살게 하소서.
감사하면서 감사를 배우게 하시고
감사를 통하여 숨은 감사를 발견하게 하소서.

예수님을 믿게 하신 것에 감사합니다.
고난 속에서도 믿음으로 이기게 하심을 감사합니다.
가족을 보면서 감사하고
교회를 보면서 감사하고
직장과 사회를 보면서 감사하게 하소서.
한국에서 태어난 것을 감사하며
그 은혜를 보답하는 사람이 되게 하소서.
감사를 잘 모르는 사람에게
남편의 삶을 통해 감사를 알게 하시고
하나님의 사랑과 은혜가 얼마나 놀라운지
남편을 통해 구원의 소식을 선포하게 하소서.
예수님의 이름으로 기도합니다. 아멘.

모든 일에 자족하게 하소서

모든 것에 풍성하신 주님!
사랑하는 남편을 위해 기도합니다.

하나님을 오랫동안 믿는다고 하면서도
제대로 신앙생활을 하지 못한 것을 부끄럽게 생각합니다.
신앙의 깊이가 들어가면서
하나님 안에서 자족하는 법을 배우게 하시고
모든 것을 다 잃는다고 해도
영생을 주신 것만으로도 감사하지 않을 수 없습니다.

사람의 욕심은 한정이 없습니다.
한 번 잡힌 욕심은 자기와 모든 사람을 잊어버리게 하고
심지어 하나님까지 멀리하게 함을 기억하여
하나님 안에서 만족하고 자족하는 법을 배우게 하소서.
자족하는 마음을 달라고 기도하게 하소서.

지금 닥치는 어려움을 잘 이기게 하시고
그것이 자족하는 비결을 터득하는 기회로 삼게 하소서.
마음으로 생각한다고 자족이 되지 않습니다.
하나님의 능력이 임해야 하고 많은 경험과 아픔을 겪으면서
하나님께 감사하는 법을 배우게 됩니다.

남편에게 자족의 마음을 풍성하게 내려주소서.
있든지 없든지, 건강하든지 아프든지,
일이 성공적으로 되든지, 실패로 끝나든지 같은 기쁨을 주소서.
하나님보다 물질을 더 섬기지 않게 하시고
하나님 안에서 물질과 세상의 일을 바라보게 하소서.
얼굴과 행동에 만족하며 즐거워하는 모습이
자연스럽게 배어 나오게 하시고
이것을 통해서 주변 사람들이 위로를 얻고 행복하게 하소서.
예수님의 이름으로 기도합니다. 아멘.

문제 해결의 능력을 주소서

근원이 되신 주님!
사랑하는 남편을 위해 기도합니다.

세상을 살아가다 보면 많은 문제를 만나게 됩니다.
이때마다 문제를 문제로 보기보다는
문제를 통해서 새로운 가능성을 보게 하소서.
문제를 피하기보다는
문제를 적극적으로 해결하는 힘을 주소서.
하나님은 감당할 수 없는 시험을
허락하시지 않음을 믿습니다.
충분히 감당할 수 있는 문제임을 믿고
그것을 이겨나가게 하소서.

말씀을 통해 문제를 해결하는 능력을 얻게 하소서.
기도를 통해 문제를 보는 능력을 갖추게 하소서.

주님이 주시는 지혜로 다양한 상황에서도 이겨나가게 하소서.
"두려워 말라. 놀라지 말라. 내가 너와 함께 하리라"는
주님의 말씀을 믿고 힘들 때는 하나님께 의지하게 하소서.

세상 사람들은 누구든지 문제가 있음을 알게 하시고
각자 자기에게 주어진 문제들을 잘 이기도록 하소서.
사회생활을 하면서 닥치는 문제를
다른 사람의 탓으로 돌리기보다는
나의 탓으로 생각하고 그것을 스스로 해결하는 힘을 주소서.
문제를 부정적으로 보지 말고 긍정적으로 보게 하시며
그 속에서 새로운 가능성을 보는 힘을 주소서.

하나님이 주신 사람의 두뇌와 잠재력은
놀라운 힘이 있음을 믿습니다.
끝까지 포기하지 않고
이것들을 잘 사용하여 문제를 해결하게 하소서.
남편에게 강하고 담대한 믿음을 주시어
그 믿음으로 세상을 잘 헤쳐나가게 하소서.
예수님의 이름으로 기도합니다. 아멘.

가족을 잘 돌보게 하소서

사랑의 주님!
사랑하는 남편을 위해 기도합니다.

가족의 소중함을 알게 하시고
가족을 세우는 데 힘쓰는 남편이 되게 하소서.
가족의 행복을 위해서 함께 힘쓰게 하시고
주님이 원하시는 가정을 만들어가게 하소서.
가정 속에서 위로와 희망을 받게 하시고
가족 간에 사랑과 행복이 가득하여
그 힘으로 세상 속에서 어려운 일을 잘 감당하게 하소서.

가정이 교회가 되기를 소원합니다.
가정의 제사장으로서 사명을 감당하게 하시고
자녀들을 말씀으로 잘 가르치는 가장으로서 살게 하소서.
남편으로서 권위를 잘 지키면서

가정을 잘 다스리는 지혜를 주소서.
가정의 식구들이 아버지의 권위에 복종하게 하시고
아버지를 존경하게 하소서.
남편에게 은혜를 주시어
자녀들을 자랑하며 인자한 모습으로 대하게 하소서.

화를 내거나 폭력을 쓰지 않게 하시고
주의 말씀으로 권면하며 잘 다스리게 하소서.
가정을 잘 다스릴 때
사회에서도 힘을 얻을 수 있사오니
가정에서 행복과 보람을 느끼도록 도와주소서.
온 가족이 아버지를 위해 기도하면서
아버지의 말씀에 순종하게 하시고
남편에게는 주님을 아버지로 섬기는 마음을 주시어
늘 주님이 원하시는 가정으로 세워나가는 데
지혜를 얻게 하소서.
다른 가정이 부러워하는 가정을 만들게 하시고
기도하면서 가정을 세워나가도록 도와주소서.
예수님의 이름으로 기도합니다. 아멘.

형제간에 우애 있게 하소서

사랑의 주님!
사랑하는 남편을 위해 기도합니다.

가족의 소중함을 알게 하시고
가족을 건강하게 세우는 데 힘쓰는 남편이 되게 하소서.
가족과 형제를 잘 돌보게 하시고
형제간에 우애를 잘하는 사람이 되게 하소서.
하나님이 형제를 주신 것은
형제를 돌보고 형제의 사랑을 배우는 뜻이 있는 줄 압니다.
힘들 때 서로 도움을 받고 위로를 받게 하시고
외로울 때 버팀목이 되게 하소서.

형제를 사랑하되 형제 사랑에만 머무르지 않게 하소서.
육신적인 관계로서만 형제가 아닌
영적인 형제도 갖게 하소서.

믿음의 형제들과도 좋은 관계를 갖게 하시고
하나님의 뜻을 행하는 사람이 자매요 형제라고 하신
주님의 말씀대로 성도 간에도 좋은 사이가 되게 하소서.

가까운 형제를 돌보게 하시고
특히 어려운 형제들을 사랑하며 도와주는 사람이 되게 하소서.
형제간에 미워하거나 시기하는 마음을 갖지 않고
원망 받을 일을 하지 않게 하소서.
혹 형제간에 서운한 일이 생겼다 해도
빨리 화를 풀게 하고 오래가지 않게 하소서.
형제를 미워하거나 원망하지 말고
용서하며 이해하는 사이가 되게 하소서.
말로만 우애하지 않고 실제적인 도움을 주면서 사랑하게 하소서.
멀리 떨어져 있을 때는 형제를 기도하는 마음을 주소서.
예수님의 이름으로 기도합니다. 아멘.

평화를 만드는 사람이 되게 하소서

평화의 주님!
사랑하는 남편을 위해 기도합니다.

하나님과 원수 되었던 인간을 구원하기 위해
이 땅에 오신 예수님을 찬양합니다.
주님을 통하여 하나님과 화해를 경험하고
평화를 얻게 되었사오니
남편에게 평화를 만드는 사람이 되게 하소서.
어디를 가든지 주님의 평화를 전하고
화해자로 살게 하소서.
분열이 있는 곳에 일치를 주고
미움이 있는 곳에 사랑을 심고
다툼이 있는 곳에 평화를 만들게 하소서.

수많은 세상의 갈등 속에서 갈등을 만들어가는 사람이 아닌 갈등을 풀어가는 해결자가 되게 하소서.
직장 속에서 화해자로 살게 하시고
교회 속에서 중보자로 살게 하소서.
친구와 동료 간에 늘 화목하게 하는 직책을 감당하게 하소서.
먼저 주님의 평화를 깊게 체험하게 하시고
십자가 은혜의 능력을 갖추게 하소서.
주님의 심장을 가지고 복음으로 화해를 이루게 하시고
성령의 능력으로 일치와 연합을 이루게 하소서.

우리 주위에는 많은 다툼과 분열이 있습니다.
그곳에서 하나님이 주신 사명을 잘 감당하여
많은 사람을 치유하고 평화를 전하는 사명을 감당하게 하소서.
직장에서도 꼭 필요한 인물이 되게 하시고
남편이 있으므로 인해 모임에 활력이 생기고
인생의 가치를 발견하는 만남이 되게 하소서.
주님의 형상으로 남편을 곱게 빚어서
주님이 사용하시기에 적합한 깨끗한 그릇이 되게 하소서.
예수님의 이름으로 기도합니다. 아멘.

좋은 관계를 유지하게 하소서

생명의 주님!
사랑하는 남편을 위해 기도합니다.

모든 것은 관계로 맺어집니다.
보이는 관계와 보이지 않는 관계를 모두 보게 하시고
그것을 소중하게 여기면서 관계를 이루게 하소서.
가장 먼저 하나님과의 관계를 돈독히 하고
매일 하나님과의 관계를 지속할 방법을 찾아
실천하게 하소서.
말씀과 기도로 충만하게 하시고
늘 하나님의 음성을 듣는 사람이 되게 하소서.

하나님의 뜻을 이웃 속에서도 발견됨을 잊지 않고
이웃과의 관계도 소홀히 하지 않게 하소서.
특히 교회 속에서 성도와의 관계를 좋게 하시고

목회자와의 관계를 잘 유지하도록 하소서.
이런 훈련을 통해 직장과 사회 속에서도
좋은 관계를 유지하도록 도우소서.
까다롭게 대하는 사람을 미워하지 않고
주님의 온유한 마음으로 돌아보게 하소서.

한 사람도 실족하지 않게 하시고
주님 앞으로 인도하는 사명을 잘 감당하게 하소서.
나의 체면과 인격을 앞세우기보다는
상대방의 유익을 먼저 생각하게 하시고
그들의 영혼을 먼저 생각하며 구원을 이루게 하소서.
하나님께 지혜를 구하여 관계를 잘 맺는 법을 터득하게 하시고
성경을 가까이하면서 그 비결을 배우게 하소서.
하나님과 이웃과 균형 잡힌 관계를 맺게 하시고
그것을 통해 남편의 영혼이 점차 맑아지게 하소서.
좋은 관계를 통해 하나님의 형상을 회복하는 은혜를 주소서.
예수님의 이름으로 기도합니다. 아멘.

직분을 소중히 여기며 충성하게 하소서

신실하신 주님!
사랑하는 남편을 위해 기도합니다.

교회를 섬기도록 직분을 주심을 감사합니다.
받은 직분을 소중하게 여기며
은사에 따라 잘 섬기게 하소서.
직분은 봉사의 직분임을 알고
자랑하거나 자기를 드러내는 일을 조심하게 하소서.
몸을 건강하게 세우고
지체들을 돌보는 일에 헌신하게 하시고
맡은 일에 충성하게 하소서.

한번 시작한 일은 끝까지 신실하게 감당하게 하시고
주변의 환경이나 사람의 눈치를 보지 않고
오직 주님의 신실한 부름에 응답하며 섬기게 하소서.

자신의 경험이나 지식에 따라 섬기게 하지 마시고
하나님의 이름을 드러내는 데 섬김을 사용하게 하소서.
힘들고 어려운 부분을 찾아 섬기게 하시고
직분을 통해 교만하지 않도록 도와주소서.
명목상의 직분자가 아니라 실제적인 직분자가 되게 하소서.
늘 말을 조심하게 하시고 진실과 온유함으로 섬기게 하소서.

말씀에 충실하게 무장하여
늘 말씀을 이루는 직분자가 되게 하소서.
직분이 명예직이 아님을 알고
봉사하고 희생하는 일에 앞장서게 하소서.
교회가 어려울 때 자기 일처럼 나서게 하시고
주님의 몸을 사랑하는 것처럼 교회를 사랑하게 하소서.
몸 된 교회의 지체들을 잘 섬기고 그들을 사랑하게 하소서.
예수님의 이름으로 기도합니다. 아멘.

자신을 계발하게 하소서

사랑의 주님!
사랑하는 남편을 위해 기도합니다.

사랑스러운 남편을 주신 하나님을 찬양합니다.
남편에게 하나님이 주신 자존감을 갖게 하시고
하나님이 주신 자신의 생애를
아름답고 가치 있게 바라보게 하소서.
자기의 소중함을 깨닫고 자기의 가능성을 바라보게 하소서.
힘들 때일수록 자기를 꾸준히 계발하여
하나님의 사람으로 성장하는 일을 꿈꾸게 하소서.

하나님 앞에서 자신을 늘 돌아보게 하시고
말씀과 기도로 거룩한 삶을 가꾸게 하소서.
자신을 위해 자기를 계발하지 않게 하시고
주님을 위해 자신을 계발하게 하소서.

먼저 겸손함을 배우게 하시고 하나님을 인정하며
하나님이 주신 은혜로 자신을 세워나가게 하소서.
자기가 발전될수록 하나님을 경외하는 믿음이 깊어지게 하시고
하나님의 영광을 올리는 데 자신의 인생을 드리게 하소서.
자기를 사랑하듯이 다른 사람도 사랑하게 하시고
자신을 아름답게 가꾸어 이웃에게 향기를 품는 삶이 되게 하소서.

외적인 모습뿐 아니라 영적인 모습도 자라게 하시고
지식뿐 아니라 지혜도 함께 자라게 하소서.
마음뿐 아니라 몸도 가꾸게 하시고
어느 한 부분만 아닌 전인적으로 자신을 계발하게 하소서.
자기를 꾸준히 계발할 수 있는
시간을 투자하도록 환경을 허락하소서.
하나님과 이웃을 잘 섬기는 사람이 되기 위해서
자신을 더욱더 훈련하며 준비하는 사람이 되게 하소서.
하나님이 원하시는 때에 쓰임 받도록
깨끗한 그릇으로 만들어주소서.
준비한 만큼 하나님께 사용됨을 믿고
자신을 훈련하고 준비하게 하소서.
예수님의 이름으로 기도합니다. 아멘.

영원한 성공을 꿈꾸게 하소서

영원하신 주님!
사랑하는 남편을 위해 기도합니다.

하나님 안에서는 모든 것이 성공임을 믿습니다.
하나님만이 최고의 성공이며 하나님을 믿는 그리스도인들은
이미 성공한 자임을 알게 하소서.
하나님 안에 있으면 실패가 없고 언제나 성공임을 알게 하소서.
성공을 주심을 감사합니다.

성공을 통하여 하나님의 능력과 위대하심을 체험하게 하소서.
성공을 통해서 하나님의 인도하심을 경험하게 하소서.
나를 위한 성공이 아님을 알고
하나님을 위해서 성공을 드리게 하소서.
모든 영광을 하나님께 드리면서 찬양하게 하소서.
비록 성공하지 못할 때도 성공을 꿈꾸게 하시고

잠깐의 성공보다는 영원한 성공을 품게 하소서.

세상에서 성공은 모든 것이 잠시뿐인 성공입니다.
그것을 목표로 삼지 말고, 그것에만 집착하지 않게 하소서.
어차피 사라지고 없어질 세상의 성공에 미련을 두기보다는
성공을 통해서 하나님의 능력을 체험하고
하나님의 살아계시는 믿음을 갖는 기회가 되게 하소서.

어느 날 성공이 사라진다 해도 좌절하지 않고
하나님으로 기뻐하게 하소서.
무화과나무에 소출이 없어도
오직 하나님으로 인하여 기뻐하는 삶이 되게 하소서.
예수님을 믿는 것이 가장 위대한 성공임을 알고 감사하게 하시고
세상의 성공한 사람들을 부러워하지 않게 하소서.
세상의 방식으로 성공을 꿈꾸기보다는
하나님의 방식으로 성공을 꿈꾸게 하소서.
예수님의 이름으로 기도합니다. 아멘.

[특 · 별 · 수 · 록]

:
:

사랑하는 아내를 위한 10가지 기도

특별히 수록된 이 기도문은 아내가 남편을 위해 기도할 때
남편도 아내를 위해서 기도할 수 있도록
아내에게 꼭 필요가 10가지 영적 필요를 기도문으로 작성한 것입니다.
이 기도문으로 남편이 아내를 위해 기도한다면,
아내의 영육에 하나님의 더욱더 큰 은혜가 넘칠 것입니다.

가정을 성소로 만들게 하소서

만물을 만드시고 주관하시는 주님!
사랑하는 아내를 위해 기도합니다.

말씀으로 세상을 창조하시고
지금도 그 말씀으로 세상을 이끄시는 주님을 신뢰하고
그분 안에서 가정과 자녀들을 섬기게 하소서.
가정을, 주님을 잘 섬기는 성소로 만들게 하시고
거룩한 제사장 직분을 가정에서 남편과 같이 감당하게 하소서.
어려움이 닥칠 때 낙담하지 않게 하소서.
믿음을 굳게 세워주셔서 가정의 크고 작은 일을 감당할 때
즐거움으로 섬기게 하소서.
자녀들에게 믿음을 심어주는 일을 지속하게 하시고
가나안 여인처럼 어떤 상황이 생겨도 실족하지 않게 하시고
주님을 끝까지 신뢰하며 주님은 항상 "옳습니다"라고 고백하며
주님을 절대적으로 인정하는 믿음을 주소서.

겨자씨만 한 믿음을 가져도 산을 옮기는 능력을 얻는 것처럼

아내의 믿음을 크게 하셔서 가정의 어려운 일이 닥칠 때마다
믿음의 눈으로 문제를 바라보게 하시고
불평과 의심과 불신의 악한 것을 물리치고
여호수아와 갈렙처럼 하나님이 도와주시면
어려운 문제는 우리의 밥이라 선포하는 담대한 믿음을 주소서.
그리하여 온 가족이 믿음의 눈으로 하나님을 바라보며
"할 수 있거든이 무슨 말이냐.
믿는 자에게는 능치 못할 일이 없느니라"고 말씀하셨던
예수님을 본받아 아내에게 솔선수범하는 믿음을 주소서.

믿음의 성숙을 위해 단단한 음식도 먹게 하시고
어려운 문제를 닥칠 때 오히려 긍정적으로 문제를 바라보며
실제적인 답을 찾는 지혜를 주소서.
모든 일을 할 때마다 믿음의 눈으로 보게 하시고
우리 가정을 든든히 세워나가도록 하소서.
우리의 싸움이 혈과 육과 상대하는 것이 아니고
악한 영과 싸울 것을 잊지 않고
그 뒤에 숨어 있는 악한 영과 여전히 자신을 의지하는 사람이
최대의 적임을 알게 하소서.
예수님 이름으로 기도합니다. 아멘.

십자가를 따라가며 주님을 본받게 하소서

우리를 위해 십자가에 죽고 부활하신 주님!
사랑하는 아내를 위해 기도합니다.

아내를 구원해 주신 하나님이
아내에게 십자가의 능력도 주신 줄 믿습니다.
죽음을 이기시고 부활의 능력이 아내를 감싸게 하소서.
예수님을 통해 하늘의 선물을 받은 은혜를
충만하게 살게 하소서.
받은 은혜로 가정을 말씀으로 세우고
아내로서 또 엄마로서 역할을 잘 감당하여
언약을 이루는 가정이 되게 하소서.
무엇보다도 십자가의 길로 모본을 보여
자녀들이 그 길을 따라가게 하소서.
가정을 복음으로 지켜나가고
복음을 전하는 엄마와 아내가 되게 하소서.

아내에게 예수의 능력을 체험하여

예수의 증인이 되게 하소서.

가정과 남편에게 사랑하게 하시고

그런 모습이 자녀들에게 그대로 본을 닮게 하소서.

가정을 말씀으로 잘 양육하고 섬기는

가정 교회가 되게 하소서.

우리보다 앞서가신 주님을 날마다 본받아 가면

자연스럽게 주님을 닮게 될 줄 믿습니다.

인생의 답이 복음 안에 있는 줄로 믿고

복음 안에서 기쁨을 누리게 하소서.

가정 속에 일어나는 다툼과 시기와 원망과 탓하는 죄악들을

복음 속에서 몰아내게 하시고

성령의 9가지 열매인 사랑과 희락과 평화와

온유와 자비와 양선과 충성과 절제를 맺히게 하소서.

일이 잘 풀리지 않고 앞길이 막막할 때는

기도함으로 지혜를 받아 슬기롭게 잘 처리하게 하소서.

주님의 마음을 갖고 주의 나라를 이루는데

마음과 정성을 다하게 하소서.

예수님 이름으로 기도합니다. 아멘,

구원해주신 주님을 신뢰하고
자신을 귀하게 보게 하소서

사랑과 구원의 하나님!
놀라운 구원의 은혜를 찬양합니다.
사랑하는 아내를 위해서 기도합니다.

하나님을 사랑하고 그 사랑으로 먼저 자신을 귀하게 여기며
자신을 하나님의 구원 받은 자녀로서 보게 하소서.
세상에 생명보다 귀한 것은 없음을 알게 하시고
먼저 자신을 사랑하는 마음을 주소서.
나 자신이 구원을 받은 것에 감사하게 하소서.
구원받지 못했던 옛사람을 신뢰하지 말고
구원받은 새 사람을 신뢰하게 하소서.
지금 나를 괴롭히는 것은
옛사람의 성품인 것을 깨닫게 하시고
이미 주님의 십자가에 죽은 나임을 인정하게 하소서.

옛사람의 성품이 더는 지배하지 않게 하시고

지금 살아가는 나 자신은
예수 안에서 새롭게 태어난 나임을 알게 하시고
옛사람이 아닌 말씀으로 거듭난
새로운 나를 사랑하고 신뢰하게 하소서.
무엇보다도 나를 위해 십자가에 죽으신
십자가의 귀한 사랑을 알게 하시고
그 가치를 귀하게 생각하게 하소서.
하나님의 왕 같은 거룩한 자녀로서
당당하게 사는 삶을 살게 하시고
어디서든지 하나님의 자녀다운 아내에 대해
자존감을 품게 하소서.

나를 위해 죽으신 주님의 십자가 죽음이 헛되지 않게 하시고
나를 통해 주님의 선한 이름이 드러나게 하소서.
내가 구원받은 것과 영원히 사는 것을 믿게 하시고
그 믿음으로 세상을 이기게 하소서.
나는 세상의 사람과 다른 구별된 존재임을 알아
하나님 자녀의 향기를 드러내게 하소서.
주님의 복음을 전하는 편지가 되게 하소서
예수님의 이름으로 기도합니다. 아멘.

주님이 만드신 세상을
믿음으로 보게 하소서

은혜와 자비의 하나님!
놀라운 은혜를 찬양합니다.
사랑하는 아내를 위해서 기도합니다.

주님, 주님이 만드신 세상은 너무나도 아릅답습니다.
어느 것 하나 인간이 감히 더 손댈 수 없는 완벽한 작품입니다.
이런 세상을 우리 인간들에게 주신 것은 정말 복 중의 복입니다.
하늘과 땅과 바다에서
하나님의 창조 신비를 전하는 수많은 식물과 동물,
그리고 어김없는 질서에 따라 움직이며
자기들의 생활을 해나가는 것은 참으로 신기할 뿐입니다.

주님, 그런 아름다움을 인간의 욕심으로 망가지게 하고
파괴하는 죄악을 용서하시옵소서.
하나님이 만드신 아름다운 창조물들을 잘 관리하게 하시고
인간의 욕심으로 그 질서를 무너뜨리지 않게 하옵소서.

특히 이런 아름다운 것들을
우리 인간이 다스리는 사명을 주신 것을 감사합니다.

하나님의 뜻대로 잘 다스리는 지혜를 주시고
하나님이 주신 세상을
더욱 아름다운 세상으로 만들어가는 데
힘을 다하게 하소서.
하나님의 위엄과 능력을 그것을 통하여 찬양하게 하시고
주의 이름을 만방에 높이게 하옵소서.
모든 만물을 완벽하게 돌보시는 손길을 보면서 우리도
하나님의 돌보시는 은혜 속에 있음을 보다 확신하게 하소서.
예수님의 이름으로 기도합니다. 아멘.

하나님의 정도를 따라 사는 신실함을 주소서

거룩하시고 공의의 하나님!
공평한 은혜를 주심에 감사와 찬양을 드립니다.
사랑하는 아내를 위해서 기도합니다.

주님, 주님은 우리의 영원하신 왕이십니다.
그 이름을 찬양하고 경배합니다.
특히 심판하실 보좌를 미리 마련하여 두시고
정의를 향해 역사를 이끄시는
하나님의 섭리를 믿게 하옵소서.
그리하여 나의 삶이 살든지 죽든지
오직 하나님의 의만 바라보고
오직 그 길만 선택하게 하옵소서.

공정하게 판결하실 주님을 바라보며
어떤 경우에도 하나님의 정도에서 벗어나지 않게 하시며
그것을 끝까지 지키도록 강한 믿음을 허락하옵소서.

비록 내가 억압받는 상황일지라도
주님만은 나의 요새이시며
주님만은 나의 피할 산성이십니다.
다른 사람들은 나의 진실을 몰라주어도
주님은 나의 진실함을
인정하시며 기억해주심을 믿습니다.
주님을 따르는 자는 결단코 버리지 않으시고
주의 이름을 의지하는 사람은 주께서 책임져 주심을 믿습니다.

오. 주님.
험난한 좁은 길이라 할지라도
사람에게 인정을 받지 못한다고 할지라도
이 세상 살아가는 즐거움을 내게 주신 십자가를 지고
즐거움으로 살게 하옵소서.
예수님의 이름으로 기도합니다. 아멘.

주의 이름을 드러내는
증인의 삶을 살게 하소서

사랑과 구원의 하나님!
능력과 사랑의 은혜를 찬양합니다.
사랑하는 아내를 위해서 기도합니다.

주님. 나에게 베풀어 주신 주님의 은혜를 찬양합니다.
특히 감사하온 것은
멸망의 늪에서 십자가의 은혜로
우리를 구속해주신 은혜를 길이길이 찬양합니다.
자기의 죄를 알지 못하는 사람들이
나의 믿음생활에 고통을 준다고 해도
오히려 그것을 통하여 주의 이름을 나타내는
기회로 삼게 하옵소서.

나의 당한 일이 오히려 복음의 진보를 가져오는
복을 허락해 주옵소서.
모든 것은 구원의 복음을 전하기 위한

기회로 생각하며 잘 이기게 하옵소서.

힘들 때일수록, 고통 속에 있을 때일수록

나의 어려움에 매이지 말고

주의 복음이 나타나는 기회들을 바라보게 하소서.

주님을 대항하는 이들은 주님이 나서서 막아 주시옵소서.

함께 대항하지 말고 끝까지 악을 선으로 이기게 하소서.

언젠가는 주님이 그들을 두려움에 떨게 할 날을 주실 것이며

헛된 인생인 것을 스스로 알 때가 있을 것입니다.

작은 나의 아픔을 해결하려다가 주의 영광스러운 이름을

욕되는 어리석음을 범하지 않게 하옵소서.

구원을 전하는 아내가 되게 하소서.

예수님의 이름으로 기도합니다. 아멘.

늘 주님이 동행하시는 것을
느끼며 살게 하소서

사랑과 구원의 하나님!
놀라운 구원의 은혜를 찬양합니다.
사랑하는 아내를 위해서 기도합니다.

주님, 저를 구원해주신 것을 무엇보다도 소중하게 생각하고
늘 감사하고 있습니다.
나의 인생의 의미는 바로 이것에서 시작되고 발전됨을 믿습니다.
원하오니 저에게 온 마음과 정성을 다하여 감사하는 마음으로
주님이 나에게 행하신 놀라운 구원의 일을 전하며 살게 하소서.
이것이 나의 절대적인 우선순위에 들어가게 하시고
내 생활에서 실천하게 하옵소서.

내 이름을 자랑 보다는 주의 이름을 자랑하게 하옵소서.
누구보다도 높고 귀하신 주님을 자랑하는 것은
당연한 나의 생활이오니 이것이 나의 즐거움이 되게 하옵소서.
오늘도 나의 행적과 나의 공로 때문에 전하는 것이 아니라

주님 때문에 기뻐하면서

주의 이름을 세상에서 노래하게 하옵소서.

억지로 의무감에서 전하기보다는 마음의 즐거움이 우러나와서

그 힘으로 복음을 전파하게 하옵소서.

이제부터는 남는 시간에 전하기보다는

살아가는 모든 시간이 전하는 시간이 되게 하옵소서.

주님, 이것을 믿게 하옵소서.

주님은 멀리 계시는 분이 아니십니다.

그리고 숨어 계시는 분이 아니십니다.

아무리 응답이 없고 나에게 구원의 손길이 없다 할지라도

공의가 억압받고 복음의 진리가 무시를 당한 다 할지라도

진리가 사라지거나 주님의 능력이 사라진 것이 아닙니다.

우리의 눈에 하나님의 나타나는 역사가 보이지 않는 다 할지라도

주님은 나의 가장 가까운 곳에 계시며

내가 느끼지 못한 다 할지라도

주님은 나의 흐트러진 손을 붙잡고 계십니다.

주님은 주님의 자녀들을 절대 잊지 않고 기억하십니다.

주님, 이것을 믿게 하옵소서.

예수님의 이름으로 기도합니다. 아멘.

귀보다 마음으로 들을 줄 아는
사람이 되게 하소서

영이신 하나님!
우리의 마음과 영혼을 살피시는 하나님을 찬양합니다.
사랑하는 아내를 위해서 기도합니다.

잘 들을 수 있는 사람이 되게 하소서.
마음에 있는 것이 입으로 나오는 것임을 알게 하시고
먼저 좋은 것을 마음에 가득 채우게 하소서.
하나님의 말씀을 들을 때도 귀로만 듣지 않게 하시고
영혼과 마음으로 듣게 하소서.
사람의 말을 들을 때도
귀만 열지 말고 마음도 같이 열게 하소서.

진정한 마음으로 들을 때 변화가 일어날 줄 믿습니다.
강퍅한 마음을 제거해 주시고 부드러운 순종의 마음을 주소서.
하나님을 먼저 사랑하게 하시고
사랑하는 마음으로 말씀에 순종하게 하소서.

먼저 이웃을 사랑하게 하시고
사랑하는 마음으로 조언과 교훈을 받아들이게 하소서.

들으면서 내가 먼저 변화되게 하시고
그것을 경험하게 하소서.
자기중심적인 사람이 경청이 힘든 것을 깨닫게 하시고
먼저 자기 교만을 버리고
무엇이든지 배울 수 있는 겸손함을 주소서.
진리의 말씀은 가감 없이 받아들이되
잘못된 세상의 것은 가감하여 분별하여 받아들이게 하소서.

좋은 말씀을 들으면서 마음이 점차 변화되게 하시고
그 좋은 마음으로 사랑하는 아내를 위해서 기도합니다.
더욱더 풍성한 은혜를 경험하게 하소서.
신분의 높고 낮음을 보지 말고 영혼을 보게 하소서.
예수님의 이름으로 기도합니다. 아멘.

선한 일에 힘쓰는 삶이 되게 하소서

은혜의 하나님!
사랑하는 아내를 위해서 기도합니다.

주님, 우리의 기도를 들으시는 주님은 선하신 하나님이십니다.
오늘도 저에게 하나님은 악을 미워하시고 악과는 조금도
어울릴 수 없는 선한 분임을 믿게 하옵소서.
그렇기에 악한 모습으로는 주님 앞에 설 수 없고
교만한 상태로는 주님의 얼굴을 바라볼 수 없습니다.

주님, 나에게 있는 악한 모습을 먼저 제거하시옵소서.
오늘 하루 생활 속에서 악한 일에는 동참하지 말고
거짓말과 속이며 미워하는 일들에 대해서
단호하게 거부할 힘을 주시옵소서.
현재의 유익과 결실을 보며 그것에 유혹당하지 않게 하소서.
그렇게 해서 결코 성공할 수 없으며
주의 뜻이 이루어지지 않음을 믿게 하소서.

주님. 저는 언제나 주의 은혜 힘입어 주 앞에 나옵니다.
이것을 감사하게 하시고 보다 경외하는 마음으로
주님을 바라보며 겸손히 엎드리게 하옵소서.
언제나 저를 하나님이 보실 때 바른길로 인도하시고
세상의 평가에 귀 기울이지 않게 하옵소서.

아내가 나아가는 하루의 길은
언제나 내가 앞서는 것이 아니고 주님이 앞서는 길입니다.
오늘도 내 경험으로 길을 선택하지 말고
주님이 친히 열어 주시는 환한 길을 선택하게 하옵소서.
주님이 가시는 길을 그저 순종하며 따라가게 하옵소서.
함께하다 보면 맛디아가 은혜받은 것처럼
아내에게도 이런 은총이 충만하게 임하게 하소서.
예수님의 이름으로 기도합니다. 아멘.

믿음으로 맡겨진 일을
잘 감당하게 하소서

신실하신 하나님!
사랑하는 아내를 위해 기도합니다

주님은 우리의 모든 행동에 대해서
옳고 그름을 판단하시는 분입니다.
모든 것을 주님이 변호해주심을 믿고 옳게 행동하게 하옵소서.
저의 고난 가운데서 부르짖는 기도를 응답하시는 주님,
곤궁에 빠질 때마다 우리의 지은 죄악대로 처치하지 마시고
주님의 자비하심으로 너그럽게 보아주시옵소서.
주님을 사랑하며 행하는 아내가 되게 하시고
아내와 우리 가정을 주님이 책임져 주심을 믿습니다.
아내에게 이런 믿음으로
주의 일과 가정의 일을 잘 감당하게 하옵소서.

사랑의 주님!
간절히 기도하옵기는 언제나 사람보다는

주님에 대해서 두려워하게 하옵소서.

그렇게 될 때 죄를 짓지 않게 됨을 믿습니다.

악을 행하고자 할 때마다 주님의 얼굴이 떠오르게 하시고

죄를 미워하시는 주님의 모습을 선명하게 보여 주시옵소서.

그리고 "지금보다도 더 큰 복을 내려 주시옵소서.

저에게 주의 얼굴을 어서 보여 주시옵소서"라고

기도하기보다는 "이미 저 안에 오신 주님을 찬양합니다.

주님이 십자가를 통하여 이미 다 선물로 주신

하늘의 복을 나에게 안겨 주심을 감사합니다"라고

고백하게 하옵소서.

이미 저에게 주신 기쁨이 세상의 큰 물질로 인하여 얻는

즐거움보다 더 큰 것임을 알게 하시고

그것을 무한히 감사하며 살게 하옵소서.

오늘 하루도 제가 잘못한 죄악이 있으면 용서하시고

그것에 대해 눈물 흘리는 애통의 심정을 주옵소서.

오늘도 편안히 눕고 잠드는 것은 내 힘으로 된 것이 아니고

모두 다 주님의 은혜입니다. 주여 감사합니다.

모든 것을 하나님의 신실하심에 비추어 생각하게 하소서

예수님의 이름으로 기도합니다. 아멘.

하나님의 말씀을
먼저 듣고 행동하게 하소서

안약을 끝까지 지키시는 하나님!
사랑하는 아내를 위해 기도합니다.

한 번 하신 약속은 끝까지 지키시는 하나님을 찬양합니다.
내가 먼저 말하기보다는
다른 사람의 이야기를 듣는 사람이 되게 하소서.
언제나 듣는 대로 말하게 됨을 알게 하시고
좋은 것을 듣는 삶이 되게 하소서.
경청의 유익을 알게 하시고
다른 사람의 말에 귀를 기울이며 잘 듣게 하소서.
무엇보다도 하나님의 말씀을 잘 듣는 사람이 되게 하소서.

가족의 말을 들을 때
가족을 내 몸처럼 귀하게 여기며 가족의 마음을 알게 하시고
전체의 모습을 보면서 오늘 하루를 살게 하소서.
설교를 들을 때는

사람의 말을 듣는 것처럼 하지 말고
하나님의 말씀으로 듣게 하시고
성경을 읽을 때는 책을 읽는 것처럼 하지 말고
성령의 하시는 음성을 듣는 마음으로 말씀을 대하게 하소서.

말씀을 잘 들을 수 있는 옥토와 같은 마음을 주소서.
무슨 말씀을 하시든지 아멘으로 응답하게 하시고
들은 말씀대로 실천하게 하소서.
말씀을 들을 때 집중하는 마음을 주시고
마음속에 말씀을 새겨두게 하소서.

은혜가 충만하신 주님! 간절히 기도하옵기는,
세상의 허탄한 이야기보다 하나님의 말씀을 사랑하게 하소서.
하나님의 말씀인 성경을 좋아하며 즐기게 하소서.
말씀을 기대하면서 주의 음성을 듣는 좋은 태도를 주소서.
말씀을 들으면서 주님과 사랑도 더 깊어지기를 원합니다.
그리고 말씀대로 살겠다는 확신과 결단을 하게 하소서.
예수님의 이름으로 기도합니다. 아멘.